Trop de Couteaux dans nos Dos

LEON TUAM

iUniverse, Inc.
Bloomington

Trop de Couteaux dans nos Dos

iUniverse books may be ordered through booksellers or by contacting:

iUniverse
1663 Liberty Drive
Bloomington, IN 47403
www.iuniverse.com
1-800-Authors (1-800-288-4677)

ISBN: 978-1-4697-7609-5 (sc)
ISBN: 978-1-4697-7610-1 (e)

Printed in the United States of America

iUniverse rev. date: 2/14/2012

Dédicace

Aux âmes inconnues et connues qui ploient sous les lames

impitoyables de la domination et de l'égoïsme humains.

Les succulents fruits tant attendus

Afrique, tu es un grand arbre dont on sectionne
Et sectionne les racines vitales pour qu'il tombe,
Mais qui toujours produit de nouvelles racines.

Afrique, tu es un grand arbre qui s'est penché,
Mais qui refuse de tomber et rit des bûcherons.

On ne peut obturer l'anus à une poule qui doit pondre.
Afrique, du courage! En main tu reprendras ton destin.

On ne peut obturer l'anus à une poule qui doit pondre.
Afrique, tu donneras les succulents fruits tant attendus.

Afrique, les bûcherons s'entretueront tels des bêtes,
Afrique, et tu seras debout comme une séductrice.

Afrique, au moment où de gros brouillards avancent
Pour engloutir le monde tel un boa une grosse proie,
Afrique, le baobab d'espoir en toi dans mon cœur croît.

Sur cette langue

Ma langue est une grosse corbeille pleine de grains.
Il y a sur ma langue trop de grains en plusieurs langues,
Il y a sur ma langue des grains aux formes multiples,
Trop de grains de diverses tailles et poids,
Trop de grains aux multiples ailes,
Trop de grains, trop de grains de plusieurs couleurs.
Ma langue est une grosse corbeille pleine de grains
Que le cœur et l'esprit enfantent et les-y jettent,
Les génèrent et les-y jettent, les-y jettent, les-y jettent
Et les génèrent, les génèrent telles ces sources du monde
D'où sortent des millions de mètres cubes d'eau.

Où que je me trouve ou me retrouve,
Je ne laisse pas mourir et pourrir ceux-ci sur ma langue,
Je ne laisse pas pourrir de grains nutritifs sur ma langue

Tels ces nids d'oiseaux sur des branches abandonnés.
Je les fais tomber généreusement,
Généreusement comme une pluie Dieu-Satan.
Qu'après j'en sois mouillé jusqu'aux os ou pas,
Peu m'importe! Je les fais tomber, je les fais tomber.

Je les fais tomber. C'est un serment.
Je fais tomber ces grains en abondance,
Tels les cailloux du sac de la grêle,
Et les bons cœurs les porteront
Et leur donneront plus de force,
Et les bons cœurs les porteront et leur donneront des mains,
Et les bons cœurs les porteront et leur donneront des pieds,
Et ces grains se répandront partout dans mon pays,
Et ses grains se répandront partout dans mon Afrique,
Et se répandront partout dans ce monde moribond.

Je ne dormirai pas avec un seul mot sur la langue.
Je n'y laisserai pas ce grain qui peut bâtir mon pays,
Je n'y laisserai pas ce qui est bien pour l'Afrique,
Je ne dormirai pas avec ce qui peut sauver ce monde brisé.
Sur cette langue, je ne laisserai rien.
De cette langue, tout ce qui peut apporter
D'agréables fruits au monde sera craché au sol.
Vous, les égoïstes et traîtres,
Vous, les paresseux et peureux,
Vous, les calculateurs et profiteurs,
Comprenez-vous? Je dis, Rien.
Vous voulez ce que vous voulez, et je sais ce que je veux.

Les rois voyagent

Écoute ces murmures
Qui escaladent les murs
Des cases des femmes.

Écoute ces murmures
Qui escaladent les murs
Des cases des hommes.

Écoute ces lourds tam-tams
Et ces énormes tambours
Qui enveloppent le royaume.

Écoute les paroles lourdes et tristes
Qui échappent des gorges sacrées
De ces êtres séculaires sacrés.

Ils bavardent trop,
Ils se plaignent trop,
Ils sanglotent trop.
C'est que le roi est mort.

—Le roi, dis-tu?
Es-tu d'ici?
Ah non, je ne crois pas.
Es-tu de passage?

—Né ici, parti encore tout petit,
Me revoici enfin ici il y a six jours.
Ô que la vie est belle ici!

—Si gauche que tu sembles,
Comment pourras-tu vivre ici?
Tes paroles blesseront les gens d'ici,
Puis tu seras blessé,
Et ne pourras plus marcher ici.

—Mais je sais bien parler et marcher,
Et toujours je respecte tous ceux
Que je trouve sur mon chemin.

—Dans cette société il y a trop de choses,
Il y a plus que ce que vous voyez.
Il ya trop de ponts à traverser ici,
Des ponts sacrés et invisibles,
Il y a trop de voies obscures,
Trop de cours d'eau couverts d'algues,
Trop de lacs profonds,

Trop de grottes,
Trop de tunnels souterrains.
Parler ici de la mort du roi, des rois :
Ah, quelle étrange parole!

La lune meurt-elle?
Le soleil meurt-il?
L'océan meurt-il?
Le ciel meurt-il?
N'avance plus de mensonges ici,
Si de ta vie tu te soucies.

Ne blesse pas les gens,
Ne t'attire pas trop de colères,
Ne t'égorge pas de tes mots aveugles,
Ne profane pas les traditions de ce peuple.
Ne brise pas leur culture.

Parler ici de la mort du roi!
Un Feu ardent sacré fut allumé
Qui a toujours brûlé
Et qui brûle au cœur de ce royaume.
Il ne s'éteint jamais,
Il ne s'est jamais éteint.
Avant qu'un bois brûle à sa fin,
L'autre réchauffe déjà le royaume.

Le roi ici ne meurt jamais,
Plutôt il se cache,
Plutôt il voyage,
Plutôt il s'endort.
Un jour naît, il s'en va,
Et le jour sans arrêt avance.
Les rois d'ici ne meurent jamais.

−Oui, on me l'a dit tantôt,
Mais aussitôt j'ai oublié.

−Attention, attention à ce mot!

L'oubli est sanguinaire.
N'oublie pas : c'est l'oubli
Qui raccourcit tant de jours.

En toi somnole le géant

Aujourd'hui,
Je vais encore de mon intarissable salive t'arroser,
T'arroser, t'arroser tel le Nil l'Égypte,
T'arroser, t'arroser tel le Niger le sahel,
T'arroser, t'arroser et te rendre si fertile,
T'arroser au point que tu portes un ventre-quadruplés.
À cette tâche je m'attache, je me dévoue.
Le jour comme la nuit tu es là pâle et me regardes
Et ton aspect m'attrape et me frappe,
Et ton aspect me torture et me tourmente.

Quand la nuit je vais au lit et ferme les yeux,
Tu es là fragile et tremblante et me regardes
Telle une jeune gazelle qui se voit prisonnière
Dans un puits profond, et j'ai vraiment honte,
J'ai tellement honte.
J'ai honte comme un adulte qui mouille sa couche,
J'ai tellement honte.
J'ai honte comme un homme très respecté
Qui tourne son pantalon en latrines en public
Et devient soudain le meilleurs ami des mouches,
J'ai tellement honte.
J'ai honte comme un adulte non circoncis surpris
Par des gamins qui sont déjà devenus des hommes,
J'ai tellement honte.
Et ton aspect m'attrape et me frappe,
Et ton aspect me torture et me tourmente.
J'ai tellement honte.

Quand la nuit je vais au lit, j'ai des ennuis.
J'ai des ennuis qui s'entassent sur mon cœur,
Qui s'enfouissent sous mes yeux et les narguent.
Des vagues d'ennuis s'élèvent sous mes paupières

S'élèvent et s'abaissent,
S'élèvent et s'abaissent, se lèvent et s'affaissent.
J'en reçois, j'en reçois beaucoup; j'en reçois trop
À recréer les grands lacs et fleuves du Sahara disparus,
J'en reçois, j'en reçois à former de nouvelles mers.
Et plus tu es chétive, plus j'en reçois.
Plus tu es trompée et affaiblie, plus j'en reçois.
Plus tu es malmenée et chosifiée, plus j'en reçois.
Tu es si triste et me fixes abattue tel un bœuf
Dont le cou savoure le sucre argenté du coutelas.

Plante, je ne dors pas. Je ne dors plus.
Comment puis-je, avec tout ce que tu vis?
Telle une miraculeuse sangsue,
Tu as su t'insérer sous mes paupières.

Le jour tu es là devant moi
Et me suis comme mon ombre,
Me suis comme mon odeur,
Tu es affaiblie, fragile, craintive,
Tremblante et me regardes et j'ai honte.
Et ton aspect me trouble, me torture, et me fend
L'âme et le cœur telle une cognée le bois.
Ah plante, ma plante!

Aujourd'hui,
Je vais encore de mon intarissable salive t'arroser.
Laisse-moi de ma salive arroser ton corps sec.
Laisse-moi de ma douce et forte langue
Polir ton corps rugueux, écailleux tel un vent coléreux
Qui de ses chants d'amour séculaires recouvre un rocher.
Laisse-moi de ma salive fleuve-Amazone
Te rappeler l'héroïsme qui toujours gît en toi.

Aujourd'hui,
Je vais encore de mon intarissable salive t'arroser.
Je ne dors pas. Je ne dors plus, peuple!
Peuple, plante prisonnière des rochers!
Plante sujette aux violents froids!

Triste plante, riche plante toujours pauvre,
Plante assoiffée,
Plante dans les bras des rochers assoiffés perdue!
Plante, ces rochers, ces grands froids qui te tiennent,
Qui te brisent, qui te coupent et font couler ta sève,
Sont des couteaux dans ton dos, dans mon dos.
Ce sont des couteaux dans nos dos.

Plante, le sol où reposent ces rochers est si riche,
Si riche au point que même les feuilles
Qui y tombent tendent à devenir des plants.
Si riche, si riche…
Plante et tu stagnes, et tu déclines, et tu végètes.

Plante, les vents qui te traversent sont si doux,
L'eau qui arrive des hauteurs est suffisante.
Et pourtant, plante, tes fruits sont si maigres.
Et pourtant, plante, tes fruits sont si pauvres.
Et pourtant, plante, tes fruits sont si amers.
Et pourtant, plante, ton avenir devient incertain.
Et ton aspect m'attrape et me frappe,
Et ton aspect me torture et me tourmente.
Ah plante, ma plante!

Plante, ton triste sort de son fourreau sort
Un long couteau qu'il plonge dans mon cœur,
Et le torrent qui en jaillit défie tout pansement.
Cependant, mon abondante salive qui t'arrose
M'embaume de bouts de joies et de foi en demain.
Ah plante, ma plante!

Aujourd'hui et demain,
Je vais encore de mon intarissable salive t'arroser.
Je suis ton amant, plante.
Je brûle d'amour pour toi, plante.
D'amour inconditionnel, plante.
Quand tous les bras t'abandonneront par découragement,
Quand tous les bras t'abandonneront par désintérêt,
Quand tous sous de multiples pressions te quitteront,

Quand tous te trahiront, ô plante,
Tu verras que tu n'es pas seule,
Tu verras que tu n'es pas seule.
Je serai avec toi, plante chérie.
Ma chérie, dans cette nuit, tu ne seras pas seule.
Je t'ai arrosée, je t'arrose et je t'arroserai, plante.
Je ne capitulerai pas, ô plante.
Je sais pourquoi je t'arrose et t'arroserai, plante.
Victime innocente, victime innocente…

Je vais encore de mon intarissable salive t'arroser.
Et quand je t'arrose,
Quand ma salive parfois se fait chant,
Chant caressant, chant lancinant, chant envoûtant,
Plante, méfie-toi! Oui, plante sois prudente :

Plante, ne danse pas trop; ne t'affole pas,
Ô grande prisonnière!
Et si tu danses, danse en charmeur de serpents,
Et si tu danses, danse tout en enfouissant
Tes membres dans l'utérus des rochers.
Enfouis-les-y!

Là dedans enfouis-les!
Là dedans enfouis-les!
Enfouis-les là profondément!
Enfouis-les là et jouis et réjouis-toi du coup!
Enfouis-les là et jouis
Et épanouis-toi tel un jeune étalon.

Aujourd'hui et demain,
Je vais encore de mon intarissable salive t'arroser.
Et quand je t'arrose, absorbe-la comme un être
Qui sait manger.
Et quand je t'arrose,
Engloutis-la comme un être
Qui mange pour grandir et devenir fort.
Plante, mange, mange
Et chaque jour, de quelques centimètres
Avance dans le corps de tes ravisseurs.

Plante, engloutis ma salive,
Cet insipide aliment, ce riche aliment.
Avance en voleur en leur sein
Jusqu'à sceller un pacte avec le sol.
Puis tiens-le ferme,
Et mange en haut mange en bas.
Mange en bas mange en haut.
Fascinante plante, fascinante plante n'oublie jamais :

En toi se couche le géant,
En toi somnole le géant.
Fascinante plante, en toi se cache le baobab,
En toi se cache le séquoia.
Tu portes et cache en toi les gènes
De tous les énormes géants arbres du monde.

Aujourd'hui et demain,
Je vais encore de mon intarissable salive t'arroser.
T'arroser à ce que de ces rochers tu fasses poudre
Et décourages tout rocher qui voudrait te posséder.
Je vais encore t'arroser, plante.
Je veux te voir grande, forte, libre,
Saine, belle et pleines de fruits scintillants.
Je vais encore t'arroser,
Je vais encore t'arroser,
T'arroser, t'arroser, t'arroser…
T'arroser au chant des pas vers le champ du coq,
T'arroser quand le coq chante les louanges du maître
Du jour qui le caresse tout droit dans le dos,
T'arroser au chant des pas vers la basse-cour du coq.
Je t'ai arrosée, je t'arrose et je t'arroserai,
Parce qu'en toi, plante chérie, gît l'héroïsme.

Pour des principes

Sans réfléchir, vous saisissez et brutalisez tout.
Au fort de la douleur des masses vous continuez,
Vous les dupez, vous les narguez, vous les chosifiez,
Vous les raillez, les manipulez, les ruinez et continuez.

Quand tout ce monde se trouvera sur le pavé,
Serez-vous satisfaits et plus heureux?

Pour ses principes, un grand esprit
Se sent mieux dans les habits du gueux errant
Que dans un château avec sinécure et servants.

Au volant de l'Afrique

Les regarder faire… les regarder faire…
Ah, comme regarder faire fait mal!
Voir tous ces coups et fermer les yeux?
Laisser ces dirigeants au volant de l'Afrique?
Accepter ces bras étrangement incompétents?

Accepter ces hyènes qui isolent et livrent
Un à un les grands buffles protecteurs
De l'Afrique aux chasseurs cupides d'ailleurs?
Ces gens sont des gougnafiers impénitents.
Ces dirigeants au volant de l'Afrique
Sont de grands orages aux nuages étranges
Qui ombragent la marche de l'Afrique.

Au moment où les brigands de l'occident
Et ces chauffeurs sans vue signent ceci et cela
(De véritables pacotilles) pour l'Afrique,
Parlent d'aides plus concrètes pour l'Afrique
Tout en brisant le réveil africain en Libye,

J'insiste qu'ils calcinent l'Afrique et ses îles.
Ils calcinent l'Afrique et ses îles doucement.
Ils calcinent l'Afrique et ses îles doucement,
Les calcinent doucement, doucement.
Les calcinent, les calcinent doucement,
Doucement, doucement,
Doucement…

Et ces charges sur le dos de l'Afrique mises
Me chargent quand en silence elles me disent :

« Ce ne sont que des complots, des complots
Pour maintenir l'Afrique là où il se trouve … »
Je le sais très bien, je le sais.
Ah, je n'en doute pas, ô voix du silence!
Et chaque fois que je les vois ou je les entends,
Les fausses tendresses, politesses et caresses
Qu'ils nous laissent me blessent mortellement.

Nos fleurs, nos fleurs ne se font toujours pas fleurs.
Nos poules couvent dans la basse-cour des œufs
Qui n'écloront pas. Ah, que font nos coqs?
Nos basse-cours ne s'épanouissent toujours pas,
Où sont allés les coqs d'Afrique, où sont-ils?
Nos bergeries ne s'épanouissent toujours pas,
Et pourtant l'on y entend des cris et chants virils.
Où sont allés les boucs de la bergerie-Afrique?
Quelle triste bergerie! Que font nos boucs?
Où sont allés les coqs aux ergots-épée?
Où sont allés les coqs aux yeux-aigle,
Aux becs-lance-missiles? Où sont-ils allés?
Où sont allés les boucs aux cœurs-Sankara?
Où sont allés les invincibles boucs tueurs
Des léopards aux cornes-boucliers de tous craints?

Où sont allés les coqs et boucs de l'Afrique et ses îles?
Avec la ventruté et l'omnivorité de nos dirigeants,
Avec leur aveuglement extravagamment enfantin,
Quels vaillants pas peuvent marquer les peuples noirs?
Des couteaux hier,
Des couteaux aujourd'hui,
Ah, toujours des couteaux dans nos dos!
Regardant ces dirigeants au volant de l'Afrique,
Le trouble me prend et je sans cesse je me demande :
Où sont allés les coqs et boucs de l'Afrique et ses îles?

Flèches dans les flancs de nos traditions

Les hauts faits, l'âme les consigne,
Aime les cacher, sait les montrer.
Je suis issu d'un cours d'eau extraordinaire,
Un cours d'eau où l'on partage tout :
Ses dents, ses larmes, son toit, son plat.
Où l'on partage tout :
Ses affres, ses peurs, ses rêves, ses fleurs…
Je vais ici enjoindre à mon âme de se lever
Et dérouler l'une de ses bandes de l'enfance.

Les enfants des villages et champs partout riaient,
Riaient aux éclats, riaient tous partout,
Des nains aux géants;
Riaient aux éclats, des filiformes aux énormes;
Et leurs rires infectaient de joie les paysans,
Ces paysans qui donnaient tant à leur pays,
Sortaient tant d'aliments du ventre de la terre
Et toujours au moyen d'instruments vétustes.

Les bonnes récoltes de leur générosité
Étaient en train de soûler les âmes laborieuses.
C'était le grand retour, le retour insigne
De la très bonne saison, de la meilleure saison.
Elle s'en allait parfois sans s'éloigner.
Elle revenait. Elle était toujours là,
Dans les cœurs, les gestes, les actes et paroles.

Le soleil paisible se faisait,
Et les pluies douces et courtoises.
En des villages et campagnes,
L'air resté puissamment maigre,
Maigre à montrer toutes ses côtes
Sur le pont d'assez vastes mois,
Les mois où tous défrichaient
Les mois où tous cultivaient
Les mois où tous semaient
Les mois où tous sarclaient,

Cet air bientôt allait de nombreux cris,
Mélodies et jeux se remplir la panse.

De nombreuses urines des familles
Déversées dans de nombreuses villes
Des régions du pays ou à l'étranger
Et qui vendaient leurs forces dans des usines,
Les vendaient dans des écoles et collèges,
Des commerces, des bureaux et transports
Regagnaient les villages et campagnes.

L'air durant des semaines allait être nourri.
Les vêtements traditionnels, les bijoux,
Les objets de musique soumis au soleil
Du matin au soir pendant un, deux, trois jours,
Poignardaient de leur lustre les yeux.

Le soleil déjà cessait de fixer
Les gens droit dans les cheveux.
Ça et là en des villages et campagnes,
Des plats fumants se servaient.
Les femmes servaient non pas leurs maris,
Leurs enfants, leurs amis ou des parents;
Quelques hommes occupés aux boissons
Servaient non pas d'épouses, d'amis, des frères…
Mais tous servaient des humains
Là où chacun ne se servait pas.
Tous servaient des humains qui, en mains,
Tenaient de gros plats et des gobelets.
Ils mangeaient, ils buvaient, ils devisaient…
Ô inoubliables heures de la vie d'un peuple!

Les nouvelles des villes amoncelées
Venaient tisser avec celles des villages
Une sorte de natte à surface irrégulière,
Une sorte de natte de couleurs contraires,
Une sorte de natte aux parfums différents.
A côté ou plus loin, des maîtres de la parole,
Des maîtres de musiques, d'instruments,

Et des maîtres du gestuel, bien nourris,
Appelaient avec tant de succès les mangeurs.

Dans ce quartier, c'est le Mwouop,
Danse où instruments et costumes
Et proverbes et devises et sentences
S'harmonisent et flattent l'oreille
Et gavent et couvrent et fécondent l'air.

En cet autre, c'est le Medjouong ou Lali,
La vraie danse guerrière de la place,
La danse des forts, danse des solides,
Danse des hommes-buffles,
Danse d'hommes aux mollets-testicules
De verrats robustes reproducteurs,
Danse d'hommes aux mollets endurcis,
Danse où ne peut se hasarder l'affamé,
Danse qui du danseur nettoie la fièvre,
Danse qui guérit de la constipation,
Danse qui du corps fragilise les plasmodiums
Et met en déroute l'intrépide palu,
Danse qui du spectateur secoue le cœur.

C'est le Samali, c'est le Mwouop :
Danses, danses où l'homme en quête
D'une première conjointe ou d'une de plus
Fouille de ses yeux d'aigle les foules de spectateurs.
Danses, danses où du sourire et d'ovations
Les femmes encouragent les danseurs,
Danses, danses où de jeunes yeux
Encore naïfs se découvrent, s'accostent
Et marchent séparément sous tutelle
Des aînés jusqu'à l'état mature.

Ailleurs, toujours en plein air, c'est le Messoù.
Danse où les hommes tiennent l'orchestre,
Danse, danse seulement des danseuses,
Danse où beaucoup portent de gros et beaux bijoux,
Danse où les paroles, les mimiques et gestes

Des danseuses dépeignent l'aisance,
Danse des femmes qui mangent à leur faim.
Messoù, danse des femmes, danse des dignes.

Plus loin c'est le Tso'o,
Danse diurne réservée aux hommes mûrs,
Danse des hommes nobles pleine de beauté,
Danse marquée par le port des masques,
Danse marquée par le port de larges et lourds diadèmes,
Danse au rythme modéré dépêtrée de gestes vulgaires.
Danse des hautes figures de la société traditionnelle.

Et quand à la tombe descend le jour,
Quand au rebours germe la nuit,
Et quand déjà de rares maisons coiffées de tôles
Secrètent de l'eau qui les nettoie
Et descend et tombe goutte à goutte au sol:
« Tap tap, tap, tap tap tap… tap… »
En très peu de coins secrets se joue le Ngnie,
Danse secrète des hommes discrets,
Danse des hommes aux poches pleines,
Danse des vieux, danse des notables et dignitaires,
Danse des sages à la musique mystique,
Danse sans spectateurs, danse aux contours flous,
Danse des hommes d'une société secrète,
Danse dont on sait peu et parle peu…

Tandis que sous différents toits
Partout les soirs autour de grands feux,
Contes, devinettes, chants, conseils et poésies,
Cruellement enchaînent les gens jusqu'à l'aube.
Dans ces villages et campagnes, les paroles pour saluer,
Pour louer et bénir (que vous soyez étrangers ou pas)
Étaient en toutes saisons toujours la Volga.

Du côté maritime du pays,
Au nombril d'une ville océanique,
On verra aller de grandioses cérémonies des jours durant,
Celles du Ngondo, qui hèlent avec succès ses enfants

Des quatre coins du pays,
Des quatre coins du monde.

Au centre et sud du pays comme à l'est,
De nombreuses cérémonies et danses se répandent
Et pompent d'inoubliables joies dans les cœurs.

Au nord, les fêtes traditionnelles sont des drogues,
Des grandes sorties à chevaux attirent tous les yeux,
La danse guerrière des males Toupouris fascinent.

Ici, c'est la danse Chibi qui envoûte toutes les âmes,
Plus loin, c'est la danse Asamba qui réunit
Des plus malheureux ou chagrinés aux plus heureux.

Ailleurs, toutes les maisons se sont vidées.
Ses habitants ayant été capturés, ligotés
Et jetés sur la place publique par le Do Do Kido,
Danse des hommes porteurs des masques,
Danse où certains danseurs doublent
Ou triplent leur taille et ne la recouvrent
Qu'en se retirant ou quand se termine le spectacle.

Au royaume Bamoun pendant trois jours,
C'est le Nguon qui absorbe les âmes du territoire,
Et force le retour de beaucoup de Bamoun
Disséminés au pays, en Afrique, dans le monde,
En même temps qu'il devient pour les touristes
Ce qu'est le vinaigre pour les mouches.

Un peu partout dans le pays, chaque groupement
Plonge dans ses traditions, fouille, sort, expose
Et célèbre tout ce qui fait sa spécificité,
Plonge dans ses traditions, fouille, sort
Et révèle au grand jour ses pièces d'identité.

Beaux jours de mon peuple!
Beaux jours de mon pays!
Inoubliables heures de la vie de mon peuple!

Ah ces beaux jours, malheureusement,
Ne sont aujourd'hui que des paons plumés.
Et c'est avec tant de tristesse que mes yeux
Retournent chercher ces moments de l'enfance.
Quelles ruines!
Quel désastre!
Quel malheur!
Ah, trop de couteaux!
Trop de couteaux dans nos dos.

Que verra le voyageur occidental chez moi
Qui inscrive ou grave sur son âme mon identité?
Que viendra trouver chez moi l'Oriental d'inoubliable?
Qu'est ce qui l'émouvra?
Ah, ces flèches dans les flancs de nos traditions!

Quand la pauvreté et la misère qui vagabondent
Posent leurs fesses éhontées partout,
Quand la pauvreté et la misère flirtent
Et posent leurs mains et baisers partout,
Quand les parents dits modernes sont les premiers
À décrier les traditions et cultures auprès des enfants,
Combien de jeunes encore peuvent assister
Ou participer à ces danses, cérémonies et rites?
Ah il y en a peu, très peu... insignifiant,
Insignifiant comme un ruisseau égorgé par un long soleil.

Les traîtres au pouvoir ont failli.
Ils ont manqué de poser des garrots sûrs
Sur le flux migratoire vers les aires urbaines,
Ils ont échoué d'encourager et de renforcer ces traditions.

Et cette pauvreté fabriquée et ces misères
En avançant tous les ans et s'asseyant partout,
Ont de leurs parfums recouvert nos valeurs séculaires;
Ont de l'arbre culturel sectionné les racines,
Brisé nos solides dos d'entraide,
Cassé nos belles dents de gentillesse,
Semé tant d'épines entre groupements,

Ruiné le gros capital moral de notre peuple.
Ah, ces flèches dans les flancs de nos traditions!

Et aujourd'hui le Ngondo perd sa voix sacrée.
Et aujourd'hui le Nguon n'a plus tous ses admirateurs.
Et aujourd'hui le Mwouop se joue sans danseurs.
Et aujourd'hui, le nombre de danseurs et spectateurs
Du Manso se rétrécie tel un puissant fleuve léché
Et affaibli par des années de sécheresse.
Et aujourd'hui, la danse guerrière, la danse Chibi,
Le Do Do Kido et la danse Asamba
Sortent et font leurs propres deuils.
Et aujourd'hui le Medjouong se joue pour jouer.
Et le Messoù faute de femmes dignes engagées décline,
Et les jeunes dans de nombreux Dancings Clubs
Se retrouvent, se mentent et s'unissent et se séparent.
Tout s'effondre. Tout s'amenuise, jusqu'au verbe.
Ah, ces flèches dans les flancs de nos traditions!

Au revoir, danses traditionnelles populaires!
Au revoir, soirs autour du feu!
Au revoir, mariages durables!
Au revoir, entraide!
Au revoir, mœurs!
Au revoir!
Oh!

Non. Point d'au revoir!
Ces célébrations de nos cultures sont capitales,
Elles étaient et sont si belles;
Elles étaient et sont notre vie.
Nos cultures sont la sève de notre existence.
Nos cultures sont ce sang qui alimente nos corps.
Je ne saurais capituler. Je les sauverai.
Nous ne saurions capituler.
Nous les sauverons, ces cultures.
Ah, ces flèches dans les flancs de nos traditions!

Avec beaucoup d'huile de palme encore fraîche,
Des grains de didium[1] et des quartiers de kolas,
J'irai écrire aux êtres qui nous sont si chers,
J'irai leur écrire avec des coqs rôtis et vivants,
Avec des coquilles précieuses des mers lointaines,
Avec des gâteaux indigènes faits d'huile de palme,
Avec du sel cuit venu de Tombouctou.
J'irai écrire une longue requête à nos crânes ancestraux.
J'irai avec de gros béliers et d'huile de palme demander
À nos divinités de tout faire pour le retour
De ces beaux jours de la vie de notre pays.
J'irai, j'irai partout les supplier de détruire
Tout ce qui favorise le déclin de nos cultures.
J'irai, et j'irai main dans la main avec ceux
Qui valorisent et défendent nos traditions et cultures.

Ah ces flèches!
Ces flèches dans les flancs de nos traditions!

1-*Un fruit dont les grains sucrés et secs servent à d'offrandes aux divinités, aux crânes ou entrent dans diverses cérémonies et rites et peuvent être consommés ou gardés en guise de bénédiction et de protection.*

Leçons par son intérieur au poète.

Poète, ô poète, il est une règle :
Le poète est son propre guide.
Évite, ô poète, d'enchaîner ton âme
À ces énormes rocs mondains.

Oublie ce qui se fait, ce qui se dit.
Poète, pas de regard à gauche,
Poète, pas de regard à droite,
Ni surtout derrière, ô poète!
Ignore les bancs-prisons de l'esprit.

Ignore ces sombres savants
Qui sans toi n'auraient d'existence,
Ignore ces maçons qui fondent
Et montent leurs tours sur tes maisons.

Comme la luciole nocturne,
Tu recèles un peu de lumière.
Regarde droit devant toi,
Regarde ce monde en face,
Fixe ce monde dans les yeux.
Ce monde, cette zone d'ombre,
C'est ta seule matière-cible.

Poète, ô poète!
Laisse le fleuve de ton âme sortir
Et couler tel qu'il arrive,
Laisse-le couler tel un puissant fleuve
Qui voit le jour au cœur de la brousse,
Et l'arrose loin de toute main humaine.

Poète, ô poète!
Garde-toi du qu'en dira-t-on.
Tu n'auras point d'autres maîtres.
Fixe-le ce monde, charme-le!
Et toujours quand tu t'y jettes,
Obéis au chant primitif
Et libre de ton âme.
Pénètre-le tel un grand assoiffé,
Et laisse-toi pénétrer.

Poète, ô poète!
Laisse ton fleuve couler loin d'écueils,
Laisse-le couler loin d'écueils humains.
Laisse l'âme qui a englouti
Répandre son fond sur les rives
Telle l'eau des crues ses entrailles.
Poète! La règle, c'est la non règle.

Couleurs d'un rejeton des damnés

Ils arrivèrent un jour.
Un jour qui se promène
À des centaines d'années
Au-dessus de ma tête.

Ils étaient deux, deux seulement.
L'un en main tenait
Un livre plus gros que le plus gros des éléphants,
Son compagnon aux yeux d'aigle,
Aux yeux capables de percevoir des choses
À des mètres du sous-sol, lui,
Sous de riches habits propres comme nos dieux,
Cachait un fer à feu miraculeux,
Et dans sa gibecière affamée,
Une liste des denrées à voler
Ou à faire produire au moyen d'humiliations
Des fouets, des chiens des viols et des balles,
Et portait des bottes-tour,
Comme il n'était encore qu'un aveugle
Sur le sol dont il se faisait déjà maître.

Le premier à ses hôtes
Montra comment prier,
Leur enseigna aussi
Combien précieuse fut
La chair humaine
Qu'il fallût se plier
En la savourant,

Et leur enseigna aussi
Combien précieux fut
Le sang humain
Qu'il fallût se plier
Chaque fois en le buvant.

Il leur enseigna aussi
Une grande valeur :

Se laisser humilier fidèlement
Dans le calme absolu.
Sans trahison les voici ses mots :
« Faites couper votre main droite
Par qui vous coupe la gauche,
Et soyez rassurer,
C'est par cette conduite
Qu'on atteint mon Père et l'Éternité. »

Aussitôt que cela fut dit, tout le monde
Apprit à se plier,
Apprit à manger et déguster
De la chair et du sang;
À se faire bander les yeux,
À se laisser couper la main droite
Après la gauche, et puis les oreilles,
La bouche, et tous les orteils;
Ainsi pour s'assurer que le gibier
Au compagnon n'échappât.

Quand à sa tâche se pencha
L'homme du fer à feu miraculeux aux bottes-tour,
La chair et le sang avalés
Et le rêve d'un doux tabouret Là-bas
Gouvernaient de ses hôtes le cœur.
Et librement des denrées prélevées sans peine,
Il remplit ses gibecières et ses caves.

Et librement des sangs-cataractes,
Et des seins-épines blessants
Il remplit ses vaisseaux.
Et du fer à feu miraculeux il brûla,
Brûla des cases et des enfants,
Écrasa toutes les têtes qui avaient encore
D'yeux vifs et troublants,
Écrasa leurs bouches,
Coupa et tritura leurs mains et orteils,
Tua des gens qui résistaient
De se laisser ficeler avec soin par le Livre.

Ah, trop de couteaux!
Trop de couteaux dans nos dos.

Il y a des centaines d'années
Au-dessus de ma tête,
Mes aïeux s'agenouillaient,
Mes parents eux aussi l'ont fait.
Ils tendaient, ils tendent
Leurs mains qu'on tranchait,
Leurs mains qu'on tranche,
Et regardant le ciel calme
Ils dirent ou disent encore :
« Comme il était écrit… »

Ils ont mangé et bu,
Ils ont offert leurs mains
Ces aïeux, ces ancêtres, ces parents,
Ces frères et sœurs, ces amis…
J'avoue qu'ils étaient forts.
Ah, trop de couteaux!
Trop de couteaux dans nos dos.

Qu'attend-on de leur rejeton?
Qu'attend-on de leur frère?
Qu'attend-on de leur ami?
J'avoue qu'ils étaient forts,
Qu'ils étaient des êtres exceptionnels,
Des êtres extraordinaires,
Des surhommes.

Je ne suis pas assez fort.
Je ne suis pas fort.
Je refuse le tabouret doux,
Je décline le tabouret de Là-bas.

Personne n'aura mes mains.
Personne n'aura mes yeux, ma bouche,
Mes orteils… rien.
Personne …

Rien.

Dans ma prière,
L'humain est prioritaire.
L'espoir,
Mon espoir est en l'humain
Qui partout piétine,
Pleure,
Râle.
Râle au milieu des menteurs du monde.

Les sociétés et leurs crimes blanchis

Pour leurs handicapes, çà et là
Ces personnes que nous sous-estimons,
Ces personnes que nous tenons à l'écart,
Traitons avec une feinte affection ou réelle,
Maintenons habilement loin du grand public,
Ignorons, méprisons gentiment,
Peuvent, en plusieurs occasions,
Montrer qu'ils ont des talents et dons
Qui sont rares ou seulement absents
Chez la plupart des humains.
Mais hautaines qu'elles sont aujourd'hui,
Les sociétés ne cessent d'amenuiser,
Voire briser les chances de ces intelligences.
Nous parlons trop de la justice et des droits,
Et regardons passivement au fil des ans
Des sociétés et leurs crimes blanchis.

Le petit

Cela commence à l'enfance.
Ils l'ont toujours appelé,
Ses amis et camarades :
– Le petit.
Mais quand il courra si vite,
Quand il sautera si haut,
Quand aussi il percevra si loin,

Dites!
Est-ce qu'il sera toujours le petit?
Dites!...

Que deviens-tu, Dieu?
Les malheureux te louent.
Les pauvres te louent,
Et s'appauvrissent davantage,
Les riches te louent
Et s'enrichissent,
Et multiplient de prières
Et filoutent et te glorifient.
Te trahissent et trahissent ton héritier.

C'est l'anniversaire de ton fils.
Çà et là on le dépouille,
Çà et là on l'exploite, le brade.

« Combien coûte cette image du sauveur? »
–quinze euros.
« Combien ce crucifix? »
–Dix nairas.
« Combien cet arbre d'anniversaire? »
–Cent dollars.
« Et ce beau Livre? »
–Seize yens.
« Et ce gros père-cadeaux? »
–Ah, ah! Cent pesos.
« Cet habit et ce médaillon? »
–vingt-cinq roubles.
« Ces jeux de lumières? »
–Soixante-dix yuans.

Certains vendent lors de cette fête
Et empochent de gros bénéfices.
D'autres achètent, achètent
Et dépensent de grosses fortunes,
Se ruinent pour accueillir le sauveur.

Les comptent se remplissent,
Les maisons scintillent,
Des repas coûteux sont achetés,
Des repas somptueux sont servis,
Des repas délicieux sont mangés,
Les boissons les plus coûteuses
Sont acquises et servies et bues.

Mais parfois les fêtes sont si belles,
Si belles que le concerné est oublié :
Pas un bout de méditation,
Pas un bout de prière
En cette heure de profonde joie,
Même dans le cœur, parce que
Le cœur demeure un pot sans fleur.

Que devient le père?
Que devient le fils?
Le père et le fils sont trahis,
Exploités, vendus, oubliés.
Sur nos plaies suintantes,
Sur nos plaies fétides,
Jetons des fleurs d'hypocrisie!
Tombons et mourons en souriant!
Ah, notre monde, notre monde!

Dieu, Dieu, Dieu!
Les méchants te louent.
L'assassin en prière avance.
Ton nom sur la langue
Des forbans sans cesse rebondit.
Ton nom sur les lèvres
De bons éducateurs rebondit.
Tant d'autorités religieuses,
Tant de politiques
Disent tes lois,
Te louent,
Se baignent au quotidien
Dans les belles piscines des mensonges,

Dans les baignoires des terreurs,
Volent,
Font des guerres,
Forniquent,
S'embaument avec le lait des meurtres,
Ou d'adultère se parfument,
Violent des enfants,
En tuent.
Que deviens-tu, Dieu?
Que devient le fils?
Où es-tu, Dieu?

Les charlatans

Oh! Vous qui avez trop voyagé,
Voyagé dans le savoir ou dans l'espace :
Vous voyez de ces masses les blessures
Et croyez bien les aider : très bien!
Vous les voyez et vous vous levez.
Mais voyons, que faites-vous?
On n'accourt pas au secours
De ceux qui souffrent à coups de discours.
Vous voyez de ces masses les blessures
Et croyez bien les panser,
Très bien!
Vous les voyez et vous vous levez,
Très bien!
Vous voulez les panser,
Très bien!
Très bien!
Mais comment le pouvez-vous,
Ô charlatans?
Comment avec tant de charlatans?
Ah, trop de couteaux!
Trop de couteaux dans nos dos.

Main heureuse

Cette main qui caresse
Éloigne de ton cœur le froid
Qui s'emploie à le dompter.

Cette main qui caresse
À ton cœur plante le feu
Qui allège des jours ennuyeux le poids.

C'est une main sous laquelle bat un cœur,
C'est une main qui a des sens,
C'est une main qui, comme toi,
Aimerait bien se voir portée
Et installée aux rives des plaisirs.

Toi qui, les yeux bien clos,
Savoure de cette main les soins,
Que seras-tu, toi qui reçois,
Quand le froid s'épaississant
Lentement ligotera cette main
Qui si bien te réchauffe, te fait rêver?

Rappelle-toi,
Rappelle-toi que l'humain
Souvent le premier de sa main
Donne le coup de pioche
Pour la tombe qui demain le garde.

Rappelle-toi cela et arrange-toi,
Ô main apaisée, main réchauffée,
Main soulagée, main heureuse,
À garder comme une tigresse cette main
Qui de ton cœur se fait esclave.

Rappelle-toi et arrange-toi
À retenir pour toujours cette main
Qui te suit et te prend et te tient
Et te caresse, te relève et te saoule.

Main qui reçoit, quand tu sentiras
De la main qui te soutient les bonds,
Quand tu la comprendras, la connaîtras :
À jamais tu l'auras en ta cage.

Espoir, quel espoir?

Vous ai-je bien entendu!
Que me dites-vous encore?
D'espérer?
D'espérer quand le désespoir
A enkysté mon espoir?
D'espérer?
D'espérer quand mon espoir
Caresse
L'abysse du désespoir?

« La foi brise tout », lui dit-on.

Hypocrites, talentueux hypocrites!
Ah, cette fois-ci, gardez votre foi!

Remettez ses prières à Dieu

Que font ces monts de prières
Autour de vrais cœurs de pierre?

Si vous êtes du peuple les amis,
Remettez ses prières à Dieu
Qui est libre, qui est fort, qui voit tout,
Qui se suffit. Laissez-le libre.

Soyez gentils : laissez-le tranquille.
À vos devoirs accrochez-vous,
Dieu saura remplir les siens sans vous.

Organisez-vous et battez-vous.
Apprêtez vos engins spirituels,

Apprêtez vos engins spirituels
Pour l'assaut des cruels.
La victoire est dans l'esprit,
La victoire est dans la décision,
La victoire est dans la détermination.

Et si vous priez, priez pour le grain
Que déjà vous avez mis dans le sol,
Et avec les poings, garder le grain.
Dans votre contexte,
Qu'est-ce la prière?
La prière est l'eau du ciel
Qui arrose les plantes enfouies au sol.

Dans votre contexte,
La prière ne prépare ni le sol
Ni le semis qui sera dans le sol.
La prière ne porte pas l'inaction au dos,
La prière est le sodium
Qui renforce la croissance des plantes.

C'est là où Dieu vous écoutera.
C'est là où peut venir son secours.

Le politique corrupteur

Il n'y a pas plus rusé que le politique.
Il n'y a pas plus stupide que le politique.
Son pays est un vaste chantier.
De plus en plus il y a des jeunes.
Les infrastructures sont insuffisantes,
Les emplois tarissent comme une rivière
Qui entre le sahel et tente de le traverser,
Les infrastructures vieillissent.

Le présent demande plus d'écoles,
Le présent avec insistance tend la main
Et veut des équipements nouveaux,
Le présent tend la main pour des routes,

Tend sa main pour de bons hôpitaux,
Tend sa main pour des moyens de transport,
La tend pour la refonte du système éducatif,
La tend pour l'aide aux vieillards,
La tend pour la sécurité des biens et personnes,
La tend pour de bonnes mesures
Qui aident à la création d'emplois durables,
La tend, la tend et attend, et attend.
Rien n'arrive. Rien.

Que fait-il tout ce temps le politique?
Il est ailleurs occupé.
Gauchement
Et salement,
Il veut rester au pouvoir.
Il veut contourner le peuple
Qui l'a mis au pouvoir,
Ou le peuple pour qui il devrait être là.
Il a pris le véhicule du raccourci.
Voici où il est allé; voici où il se trouve :

Il lit un dernier nom sur la liste et dit,
—Qu'aura cette autre main de renom :
Un habitat, de l'argent et une haute chaise?
Dit le trésorier au chairman du grenier.

—Pas vraiment. C'est trop pour cette main,
C'est trop pour elle.
Quel est son poids? L'oubliez-vous?
Rappelez-vous … Juste une feuille-pie,
Elle n'est qu'un oiseau-lyre
Qui répète les colères des canons,
Elle n'est qu'un zéphyr
Qui se prend pour une tempête, un cyclone,
Elle n'est qu'un caporal peureux
Qui passe prétendument pour Chaka Zoulou.
Eh… voyons… voyons…
Donnons-lui quinze … dix … sept millions …
Voire cinq… ?

C'est juste une main maligne,
Une main extrêmement opportuniste.
Nous avons des canons les plus lourds
Déjà marchandé et acheté le silence.

Avec tous ces couteaux dans le dos,
Où peut aller le peuple?
Avec tous ces couteaux dans le dos,
Quels nobles sauts attendre du peuple?

Le vrai visage de la pitié

La pitié se fait gentille et sourit.
Sourit, sourit et nous approche
Telle cette bouche qui vie de la rue.

La pitié nous sourit, la pitié nous caresse,
La pitié nous réchauffe, nous berce.
Mais la pitié toujours nous porte
Et nous montre au-bas de l'échelle.

La pitié, la pitié, ah elle m'effraie,
Cette tigresse invisible!
Elle fait trembler, transpirer
Et chanceler tout mon corps.
Et quand je pense à elle,
Du coup je l'aperçois, elle approche
Et me sert de gros plats de cauchemars,
Elle me vole ma sérénité,
Elle me vole toute ma dignité.

La pitié est une ravissante esclavagiste
Aux somptueux habits d'une sainte.

Sort, imprévisible sort, infidèle être,
Sort, gouverneur du cosmos,
Sort, être aux forces foudroyantes,
Ô sort, traîne-moi partout si tu veux,
Traîne-moi partout, jette-moi partout,

Ah, sauf là où les humains de leur pitié
Viendront me montrer ma chute.

Pitié, épargne-moi ta générosité.
Pitié, aux heures des grandes douleurs,
Aux heures des grands froids,
Je ne veux pas ton bois de chauffage.

Son absence, sa présence

Son absence nuit,
Sa présence nuit.
Elle vient quand elle veut.
S'en va quand elle veut.
Quant vint au sol lépreux
La nourriture du sol,
La nourriture des plantes,
Les deux affamés sans la mâcher
Goulûment l'avalèrent, l'avalèrent.
Leurs maîtres se déridèrent.

Une heure, deux, trois, quatre, cinq
Passèrent et la pitance
Sans répit arrivait à seaux.
Douze heures, un jour :
Le concert nulle part ne connut de cesse.
Le sol était un boa qui a caché une biche.
Les caniveaux aussi étaient des boas
Qui ont caché des quadrupèdes.
Tous ces êtres excédés enfantaient,
Et leurs enfants sans scrupule
Attaquaient vivement, envahissaient,
Engloutissaient les petites créatures,
Les entouraient de baisers boueux.

Le retour de l'absente déjà dégoûtait.
Ses largesses déjà ouvraient des pleurs.
Les maîtres tous sous les toits
Malgré eux étaient bien servis,

Si bien servis, bien servis
À monter sur des chaises, des échelles,
Si bien servis, bien servis
À se retirer dans les plafonds.

–Comme la nature est courageuse,
Orgueilleuse, méchante! Dit l'un,
Depuis les lattes poudreuses d'un toit.
–Des Écrits ne le disent-ils pas?
Il se peut qu'il soit l'heure,
Dit si bas un autre du même nid.
–Ah, ah, ah!
Crois-tu donc à ces affabulations-là?
Ah, ah, ah!

Quinine sucrée, miel amer
–Je cherche ma voie.
Prends ma main,
Guide-moi, sage.
–Précise laquelle.
–De la réussite,
Du bonheur total.
–Tu restes vague.
Réussite, bonheur :
Deux outres closes.
Leurs coques tiennent tête
Aux lames de ma tête.
Peux-tu des tiennes
Les fendre en entier?
–Je cherche la voie
Qui ouvre sur l'or,
Qui donne sur le luxe
Qui conduit aux richesses,
Aux richesses matérielles.

–Ainsi!
Réussite et bonheur
Ont donc pour parents

Richesses matérielles!
Que ces deux enfants
Si fragiles, difficiles,
Orgueilleux, contingents,
Nerveux, hypocrites,
Soient laissés aux seuls soins
De si violents parents,
Sans talent, cruels,
Changeants, négligents,
Ah une découverte!
Ils étaient pourtant faits,
Je crois,
Pour des vendeurs d'œufs.
À présent ils sont des fusils
Dans les mains d'un dément.

—Ne dites pas cela …
Parlez bien … vous êtes un sage!
—Si tu tiens à rencontrer
Leurs malveillants parents,
Rassure-toi,
Ils flânent sur deux voies :

La première, elle est droite,
Assez large et courte :
Eh bien, tu y marches
Les yeux bien fermés,
Les oreilles bouchées,
Le cœur-cadavre,
Le poing bien formé;
C'est elle qui approvisionne
Le monde en pauvreté,
En débauche, en insomnies,
En détritus, en crimes, en sangs.

La seconde est longue,
Étroite, rectiligne,
Négligée, escarpée :
Alors tu y marches

Difficilement,
Lentement,
Prudemment,
Le cœur sur la main,
Les yeux écarquillés,
Les oreilles nettoyées,
Les mains bien lavées,
Les pas bien contrôlés.
Ai-je été assez clair?

—C'est vraiment clair,
Tellement clair que
Je ne regretterai jamais mon choix.
(Et après un baiser au pied du sage,
Il se relève brusquement…)
Je me rue … ah non!
Je m'écroule sur la première voie.

—Ah, tu as choisi… bien, bien.
Beaucoup l'ont empruntée
Pour des noces de larmes …
—Les larmes ont des vertus.
—Bien! Beaucoup l'on prise
Pour vraiment s'écrouler.

L'Occidentale

Tu lui dis : « C'est une honte. »
Tu l'as menacée toute l'année.
Tu l'as menacée toute la nuit.
Et pourquoi? Pour une banalité.
Parce qu'elle aime qui tu hais.
Tu lui dis que son choix est une nuit.
Tu lui dis d'éviter la nuit,
Et le lendemain elle me le dit,
Quand tous deux nous sommes
Étendus tel qu'on débarque au monde.
Ses pieds et bras sur la nuit se promènent,
Enlacent la nuit, bercent la nuit,

Et la nuit et elle, telles deux lianes
Se serrent et rient de tes postillons.
Se serrent et disent :

—Tu es en retard, trop en retard.
Au sourire du jour tu as choisi les grottes,
Tu vis dans le passé, le passé lointain.
Le cœur et l'âme de la nuit sont purs,
Aimables, francs, impartiaux…
Mais toi, toi… ton corps,
Ton corps couleur joies d'été
Est un doux nid dont le cœur et l'âme
Portent des queues-scorpions.

Je ne serai pas comme ce poète africain

Ô poésie, bouche de mon âme!
Ô poésie, seins de mon âme!
Ô insatiable organe de mon âme!
Dois-je m'oublier à tes lisières magiques?

Poésie,
De cet homme des dieux élu tu fus amoureuse
Qui ne sut du désert sortir son peuple.
Au contraire, bien loti, à l'oasis il fit dos
Et conduisit le troupeau déshydraté
Vers des aires plus sèches, plus rocheuses,
Plus invivables, pour plaire à ses dieux
Qui le choisirent et placèrent sur la chaise.

Poésie, toi que j'aime tant aujourd'hui,
Je t'exécrais, je t'avais vomie,
Quand je lus ce politique-poète.
Je t'abhorrais.
En vérité, en toute vérité.

Poésie, dis-moi, mais dis-moi :
De quel philtre as-tu vaincu mon âme?
Dis-le-moi!

Mais poésie, avec assez de courtoisie,
Je te dis que je ne suis pas cet homme-là.
Je te dis que je ne serai pas cet homme-là,
Que je ne serai pas cet homme-là,
Que je ne le serai pas.
Je suis très sérieux.

Les jours de l'humain

Où se terminent les jours de l'humain?
Où doivent échouer les jours de l'humain?
Dans la nuit comme le jour, direz-vous?
Dans une sombre tombe, direz-vous?
Non, ses jours doivent aller plus loin au-delà.
Ses jours infiniment doivent rouler.

Sous la marque dont il tache son temps,
Ses jours se font fleuve pérenne utile
Qui sourie dans la succession des jours,
Des mois,
des années,
des siècles,
des millénaires …
Les jours de l'humain doivent,
et devront être –oh oui!
Ce soleil, cette lune dans le ciel qui nichent.

Confrontation

Autour de lui elle avait assez rôdé.
Ses nombreux enjoués tours jamais n'avaient
De l'homme appelé l'attention,
Et elle ne le lui tolérera cet affront.
Un conflit s'ouvrit.

Mort :   Arrête de forger!…
           Ne me vois-tu pas?

L'Homme : Qui parle? qui êtes-vous?

Mort :   La mort ton illustre maître.

L'Homme : Va-t-en! va-t-en! tu ne m'inquiètes pas.

Mort :   Frêle être, je t'aurai …

L'Homme : Tu m'auras. Je ne suis pas encore à toi.

Mort :   Insolent! demande pardon, sinon …

L'Homme : Sinon quoi?

Mort :   Sinon …

L'Homme : ah, dis-le… va le dire à ceux
            qui pêchent l'or de la vie
            sous la longueur de leurs jours.
            Dans la vie ici-bas,
            je privilégie le rendement et la qualité
            et non le nombre des saisons.

Mort :   Aïe! Écoute ses paroles,
            c'est un enfant, c'est un vrai enfant!
            il méprise la vie! c'est un enfant.

L'Homme : Non, c'est un patriarche, c'est un vrai sage.
            L'être est comme une source
            et toute source qui naît
            va lentement ou vite vers la mer.
            Mais sombre mer, sache que
            je suis de ma courbe le maître.

Mort :   Par cette arrogance tu ruines,
            Tu jettes dans l'abîme tes chances.
            Arrête rapidement, sinon …

L'Homme : Nous n'avons rien de commun.
　　　　　Regarde, je suis en haut, sur terre,
　　　　　et toi tu es en bas, sous terre.

Mort :　　Pour pouvoir vite avoir tes pieds dans mes mains,
　　　　　Je suis en bas. Oui, j'y suis.
　　　　　Je t'attaquerai aux jambes
　　　　　Je t'attaquerai aux yeux
　　　　　Je t'attaquerai au ventre
　　　　　Je t'attaquerai à la tête
　　　　　Je promènerai mes mains souillées
　　　　　dans ta chair, dans ton sang
　　　　　Je te bombarderai d'une lèpre
　　　　　Je te ferai crever de faim,
　　　　　Je …

L'Homme : Mollusque, pas de chantages,
　　　　　pas de verbiages
　　　　　pas d'intimidations puériles.
　　　　　Je te connais assez. Tu as, n'oublie pas,
　　　　　Engourdi tant de cœurs talentueux et ambitieux.
　　　　　Misérable petite vermine,
　　　　　vois combien tu es faible et te fais pitoyable :

　　　　　Quel aigle a jamais dialogué avec sa proie?
　　　　　En silence, il avance, l'attrape et la déchire.
　　　　　Voilà la vraie nature des féroces.

Plus calme, sûr de lui, l'Homme
rompit l'échange, ignora la Mort,
reprit sa tâche à la Forge
où vivement aux siens il conseilla
de ne jamais laisser la Mort errer
une seule seconde sur leur esprit.
La Mort gronda et cracha des menaces,
la mort cracha des toux de courroux
qui restèrent loin des deux fenêtres de l'Homme.

L'étendue de l'esprit
Que voulais-tu dire?

Beaucoup de choses.

Pourquoi te tais-tu?

J'ai tout oublié,
Et je reconnais bien
Que j'ai tout oublié.

L'esprit est un tigre.
Fort, agressif, tenace,
Toutes les proies toutefois
Ne tiennent pas dans sa bouche.

L'ennemi ne dort jamais
Ils ont enlevé leurs couleurs
Et ont dit : « vous êtes libres. »

Peuples, et vous les croyez,
Et dormez!
Quelle grave erreur!
La nuit continue…
Vous êtes des chèvres sous un arbre
Où se cache la panthère.
Oh réveillez-vous!

La nuit continue…
La nuit continue…
La nuit s'épaissit, la nuit s'épanouit.

Leurs couleurs sous vos mines flottent,
Leurs couleurs sur vos minerais rient.

Leurs couleurs sous d'inégaux échanges
Et sous vos monnaies se trémoussent.

Leurs couleurs sur des mâts hissées,
Voilés ou cachés sur vos terres se déploient.

Leurs couleurs invisibles sont partout,
Leurs couleurs chez vous brillent,
Leurs couleurs plus que les vôtres brillent.
Où? Chez vous, chez vous…
Et brillent plus que les vôtres,
Chez vous, chez vous…

Peuples, de quel départ parlez-vous?
De quelle liberté vous vantez-vous?
Trophées de pacotille,
Trophées de pacotille.
Ah, trop de couteaux!
Trop de couteaux dans nos dos.

Vœu du chasseur infortuné

Sur ce long et tortueux chemin,
Sur ce chemin pareil au ruisseau
D'un sol rocheux et périlleux,
Sur ce long et tortueux chemin,
En vain j'ai cherché la justice.
Et je sais que c'est par elle
Que s'allègent les douleurs,
Et je sais que c'est par elle
Qu'arrive la paix réelle.

Mais les menteurs parlent plus
De la démocratie et développement,
Les menteurs parlent des droits,
Les menteurs parlent de la paix,
Les menteurs parlent des combats
Contre les famines, la violence,
Contre la pauvreté et la misère …
Ils évitent au maximum le mot Justice,
Et quand ils le prononcent,
Ils l'ont savamment ponctionné,

Ils n'y ont rien laissé pour les faibles.
Ah justice !

Justice, incomprise sainte Reine,
Justice, justice : quand mes yeux
Se ferment, quand plus je ne vois,
N'entends de la nature les beautés,
N'entends plus les poignants cris
Des enfants et adultes terrorisés,
N'entends plus les sanglots féminins
Engendrés par les humeurs masculines,
N'entends, ne perçois plus les boum-boums
Et les fumées des champs de haine
Ou de suaves et consolantes musiques,
Ne vois plus des corps mutilés par des fers,
Ou des maladies provoquées ou négligées,
Quand cessent les larmes-bourreaux
De mes yeux, quand la terre s'ouvre,
S'ouvre si généreuse à moi,
Quand j'y descends et prends ma retraite,

Justice, incomprise sainte Reine :
N'oublie pas le chasseur infortuné.
Justice,
Place-toi où longtemps le chasseur te voulut.
Ô justice, vraie et seule mousson de la paix !

Principe de bons rapports

Si tu ne te mets derrière l'être
Qui est déjà là derrière toi,
Comment peut-il être derrière toi ?

Si l'être derrière qui tu te trouves
Ne se place toujours pas derrière toi,
Jusqu'à quand resteras-tu derrière lui ?

Le monde du bonheur

Où se trouve couché le paradis?
Dans les biens de ce monde?
Au ciel comme dit le croyant?

Riche, pauvre, athée ou croyant :
Battez toutes les brousses du monde,
Fouillez toutes les villes du monde,
Sillonnez les rues, les parcs,
Fréquentez tous les hôtels, les cafés,
Ayez du monde tous les bons amis,
Toutes les bonnes amies,
Jouissez d'une parfaites santé,
Possédez tous les biens d'une ville opulente,
D'une région, d'un pays, d'un continent,
Faites-vous maître des biens de la terre entière,
Ayez toute la terre sous votre commande.
Quelle tristesse! Cela ne suffit pas.

À côté de tout cela, il y a autre chose.
Une chose nécessaire, une chose essentielle.
À côté de tout cela, il y a autre chose,
Il vous manque quelque chose,
Quelque chose à ne pas chercher ailleurs,
Quelque chose que nul ne vous donnera.
Et sans cela, le monde sera votre prison,
Sans cela vous ne serez qu'un être misérable.

Où se trouve couché le paradis?
Si votre esprit n'est pas ce nid prêt
Où se pose l'oiseau et se repose,
Si le nid du paradis déserte votre tête,
Il ne vous viendra plus de nulle part.
Vous ne l'aurez plus nulle part au monde.

Le nectar de mes larmes

Vous demandez
ce que je fais?
Mais je butine
je butine
de ce monde les travers
que l'esprit
vous remet colorés
dans le précieux nectar
de mes larmes.
Buvez-le!
Buvez-en!
Il vient de vous
mais de mes ancêtres
et des dieux distillé.
Buvez-le!
Bon apéritif!
Hypocrites,
bon apéritif!
Pyromanes
aux habits immaculés,
bon apéritif!
Buvez-le!
Buvez-en
et de moi
riez,
riez, riez
et buvez-en!
Riez, riez,
Riez de moi à satiété.

Déchirements

Ô jours d'éclats! Ô beaux jours!
Mais cœur, cœur, perfide cœur,
Pourquoi ouvrir ces pages d'or-là
En ces jours mouillés?
Pourquoi?

Pour une peccadille : il menaçait, blâmait,
Criait, hurlait et parfois rugissait.
Le commerce devait rester debout.
On prit les clés du business et le remercia.

En Afrique et surtout dans les pays
Qui furent baptisés par l'Hexagone-ruse,
On garde sans gêne ce mauvais director
Et regarde tomber les dents du commerce
L'une après l'autre, l'une après l'autre …
À ce que toutes ses gencives se dépeuplent.

À une source

J'allai au loin et m'assurai
D'être seul,
Seul dans le sein de la nature,
Seul, loin de tout œil humain,
Seul, loin de toute voix humaine,
Seul, seul loin de toute oreille humaine.
Mais soudain j'écoutai une voix.
Je tendis l'ouïe et l'entendis encore :

–Que fais-tu en ce lieu sacré?
Que fais-tu en ce lieu sacré?

Je me levai. Je regardai.
Une eau de source des racines
Jaillissait et en voleur s'éloignait.
Je tournai autour des arbres.
Un vent lascif léchait leurs feuilles.
Je fouillai des yeux les branches,
Et tombai sur une veuve silencieuse.

Combien de temps m'avait-elle vu
Sans que je la visse? J'eus honte,
Et, avant de me retenir, j'avais dit :

–Ô dame, depuis quand es-tu là?

Est-ce toi, veuve, qui m'as parlé?

Elle me regarda indifféremment,
Et plus qu'avant j'eus encore honte.

Je me trouvai un peu démonté,
Et reposai le derrière sur une racine.
En même temps je perçus une tortue
Dodue vêtue d'une tenue couleur-nuit,
Qui sans gêne se désaltérait.
Puis j'entendis encore derechef :

—Que fais-tu en ce lieu sacré?
Que fais-tu en ce lieu sacré?

Je n'osai plus regarder autour.
Je n'osai non plus me lever.
Je n'osai même pas bouger les yeux.
Ils restèrent sur l'eau qui coulait.
Mes yeux voyagèrent sur l'eau,
Je sortis complètement de mon corps,
Je me transformai,
Me fis tout esprit,
Je me mis à partir,
Et arrivai là où j'allais.
Alors, soudain vint la réponse :

—Je cherche quelque grandes vérités
Qui saisissent, secouent et déracinent
Les mensonges de ce monde.

—Tu poursuis l'impérissable,
Tu poursuis le nécessaire,
Retourne dans le monde,
Ta quête aura ma main,
Retourne et mets-toi au travail.

Je maintins sur l'eau les yeux,
Je fixai cette source de vie,

Elle me fascina, elle me charma,
Je lui dis un merci et repartis.

L'emprunt

Femme, tes propres moyens
Pour une vie heureuse,
Pour une vie harmonieuse,
Crois-moi, te suffisaient.

Homme, tes propres moyens
Pour une vie heureuse,
Pour une vie harmonieuse,
Crois-moi, te suffisaient.

Mais à présent,
Regardez où vous en êtes
Avec ceux d'emprunt!
Regardez !

Bonne nuit

Un léger vent passe,
Passe et repasse …
L'herbe drue s'agite,
Et sous ses racines,
Tu dors…
Ah, tu dors !…
Là …
Seul,
Quelle âme,
Même devineresse,
L'aurait perçu?

Dors, dors en paix.
Dors, ennemi des misères,
Dors, ennemi d'injustices,
Sous cette injuste galère,
Dans cet abandon

Sans nom,
Dors!

Après tant de travaux,
Après tant de bonnes leçons,
Après tant de bons sauts,
Après tant de périls,
Après avoir fait trembler
Et pleurer les injustes et égoïstes,
Après avoir montré
Que le prétendu « infaisable »
Était bien faisable,
Après avoir montré
Que toutes ces grandes plaies
Du monde sont bien curables,
Oh,
Que n'avais-tu pas accompli?
Que te restait-il encore?
Que pouvais-tu encore?
L'essentiel était fait,
Et excellemment.

Oh dors!…
Enfin repose-toi.
Haï! Bonne nuit …
Bonne nuit, bonne race,
Bonne nuit, race rare.
Bonne nuit,
Héros du peuple,
Bonne nuit,
Héros des peuples.
Dors, dors …
Et souvent dans l'abandon,
Dans l'indifférence générale.
Dors.

Cette joie, un tison

Toi, joie que je mâche,
Crois-moi je te hais.
Joie, je te connais :
À peine dans mon corps
Tu t'élèves
De tes ailes frêles
Qu'à côté de mes peines
Tu retombes et les rouvres.

Ô joie, éclair dans les ténèbres!
Oui, joie, je t'avale
Et crois-moi, je te hais.
Oui, misérable joie,
Oui, versatile joie,
Oui, menteuse joie,
Je te hais,
Je te hais,
Je te vom …
Je te … hueuk!
Hueuk! …
Hueuk! …

Tout a un sens

Ils nous trompent,
Nous trompent trop
Nos sens.
Sur terre
Rien n'est
Pour rien,
Tout a un sens.
Face au monde,
Un « je ne saisis pas »
Est toujours bien,
Toujours plus sage
Qu'un pédantesque
« Cela n'a aucun sens »
Accouché d'une vue

Bien inapte à palper
Le fond des choses.
Tout a un sens.
Sur terre
Rien n'est
Pour rien,
Rien pour
Rien,
Pour rien
Rien.

Fers veloutés

Quand ils regardent et les voient,
Ils montrent de la compassion.
Devraient-ils la leur montrer?

Et puis vous, vous les voleurs,
Les injustes, les violeurs, les violents :
Devriez-vous la leur montrer?

Et vous aussi, les racistes qui êtes
Davantage plus bêtes que la bête
Qui n'a pas de racisme
Dans son agenda saisonnier,
Devriez-vous la leur montrer?

Et vous les rusés à votre tour,
Vous les escrocs, les jaloux
Vous, plaies de la terre :
Devriez-vous la leur montrer?

Votre compassion n'ouvrira
Que des cœurs naïfs, oui.
Celui-ci n'est pas né ce matin.

Vous rirez

Persécutés, vous souffrez
Et pleurez,
Vous pleurez
Et vous vous croyez
Sur un chemin sans fin.

Des fois vous vous dites
Ici-bas les premiers
Sur ce trajet au bout incertain.

Des fois vous vous dites
En ce monde les seuls
À piétiner des rocs,
Des épines et de la boue,
À prendre dans la chair
Des sangsues et des venins,
À respirer de l'air fétide,
De l'air vicié, de l'air funeste.

Non, avant vous il en eut,
Il y en a,
Il y en aura.

Persécutés, vous souffrez
Et pleurez,
Vous pleurez
Et croyez
Que c'est pour toujours.

Non, vous rirez
Vous rirez trop
Et croirez
Que c'est pour toujours.

L'infaillible

Courez-vous? Traînez-vous?
Oh songez au temps.

Hors du temps, loin du temps,
Vous êtes perdu.
Tenez-vous hors du temps,
Le temps vous prend et vous pend.
Commettez un forfait, enterrez-le.
Cachez-vous, trichez, flirtez, mentez,
Dormez, oubliez tout, réclamez-vous saint.
Mais vous n'êtes qu'une femme fertile
Qui cache une grossesse qui pousse.

Le temps intransigeant, ce potentat,
Le temps qui n'oublie rien, ne pardonne rien,
Le temps qui poursuit, le temps qui épie tous,
Le voilà qui surgit les mains pesantes,
Les mains pendantes tel une jeune plante
Qui ploie sous la charge de ses fruits,
Et dit : « Tout ça c'est à vous, vous seul! »
Et alors des yeux vous fusillent,
La honte vous achève.

Le temps, le temps : de ses puissantes mains
Il emporte tous nos grands faux biens :
Fortunes, souvenirs, désirs, amour bestial.
Des reliques ancestrales parfois déifiées
Il en fait une simple poussière.
Tout ce qui fut chair, matière,
Tout ce qui ignora du secours la vertu,
Tout ce qui ignora de la vie la divinité
Et de la douleur la profondeur,
Dans les mains du temps se font poussière volante.

La mort : gardienne du monde, gardienne de Dieu

Si souvent nous nous écrions : ah pourquoi cela!
Nous protestons : ah! C'est cruel,
C'est injuste, c'est injuste!
Nous jetons ces bouts de mots stériles
Quand la mort dans ses tournées,
Quand la mort dans sa témérité,

Quand la mort dans sa mission
Tombe amoureuse d'un humain
Ou d'une bête que nous aimions tant et aimons.

Imaginons que l'humain soit né
Pour vivre et ne jamais périr !
Quel serait de ce monde le visage ?
Imaginons que la mort par haine et mépris
N'étende son amour aux animaux, aux plantes !

Imaginons un instant que Socrate,
Confucius, Cheik Anta Diop, Darwin…
Ces grands esprits, ces divins incarnés,
Marchant à pas lents vers le trône de Dieu,
N'aient connu sur cette montée d'embûches !
Imaginons qu'ils n'aient été pour la tombe faits !
Année après année, siècle après siècle,
Ils auraient, sur son trône, atteint Dieu,
Atteint confronté et vaincu Dieu.

Imaginons que depuis des millénaires
Toutes les plantes sans tomber se répandent,
Que les humains sans s'écrouler se multiplient :
Que deviendrait le monde ?
À quoi ressemblerait le monde ?

La mort garde Dieu, la mort garde l'humain.
La mort protège l'animal, la mort protège la plante.
La mort est la gardienne du monde et de Dieu.
Célébrons la mort aux mains pures non artificielles,
Oh tous célébrons, célébrons la mort propre !
En joie disons adieu à ces êtres chers qui tombent,
Non sous l'action voulue de l'humain,
Mais tout naturellement.

Célébrons la mort, la belle bienfaitrice,
Tous, célébrons-la,
Même vous qui pleurez à cette heure,
Célébrez la belle bienfaitrice.

Accueillons-la, célébrons, célébrons-la …
Célébrons la mort qui veille sur nos jours.
La mort la gardienne du monde.
Célébrons la mort, célébrons, célébrons-la.

Face démoniaque du bien

Le bien, le bien je l'ai connu,
Le bien, je l'ai porté,
Je l'ai tenu, et à tous je l'ai tendu.
Le bien en lui-même
Est un être pur,
Est un être neutre,
Est un être propre.

Mais tout bien, tout bien
Dès qu'il part de nous
Porte une double face :

Sa face d'origine qui est pure
Et nous protège,
Et une face cruelle,
Qui nous détruit.

Tout bien qui part de nous
Nous honore ou bien tourne
Et nous attrape, nous frappe,
Nous brise les os et nous engouffre
Tel un boa une imprudente biche.

Je suis un pot tout en or
Qui a servi de baignoire,
Qui a servi de crachoir.
Je suis un pot tout en or
Qui a servi d'urinoir.
Tout au long du trottoir,
Je me suis fait berger,
Et pourtant tout mon bien
En fouets et colères se paie.

Toi dont la vie ressemble
À une fleur qu'un enfant tient
Dans la main et promène partout,
Ô tu souffres!
Toi dont les yeux ressemblent
À la frimousse de la naïveté,
Ô tu souffres!
Tu souffres et je comprends.
Tu souffres,
Souffres atrocement.

Je peux t'aider, semblable,
Semblable je peux t'aider,
Semblable je veux t'aider,
Tel un kangourou son petit,
Telle une guenon son petit :
Sans calculs, sans idées,
Je peux t'aider sans feinte,
De façon la plus désintéressée,
Par amour, par amour pur.

De toi en retour, crois-moi,
Je ne voudrai jamais rien de toi,
Ni du ciel ni des humains.
Je ne voudrai rien,
Rien.

Maintenant, sur mes lampes
Laisse tomber les tiennes,
Et sur ce nuage de mon âme,
Jette une étoffe de sincérité :

Si je te sors du trou,
(Et je le peux très vite)
Si je te remets au soleil,
Les aurai-je intacts mes jours?
Semblable, les aurai-je intacts?

J'ai connu les faces du bien,

La face bien et bonne du bien,
Et la face démoniaque du bien.
Je peux t'aider, semblable,
De façon la plus désintéressée.
Mais sur ce nuage de mon âme,
Jette une étoffe de sincérité.

Côte d'Ivoire : des mois après

Des mois après,
Des mois après la tempête sur la Côte d'Ivoire,
Des mois après cette tempête qui vint
Rappeler aux Africains qu'ils restaient des biches,
Des biches que des tempêtes venues d'outre-mer
Pouvaient humilier, torturer, violer, massacrer,
Et toujours avec des mains gantées de trahison
Des fils et filles d'Afrique,

Des mois après,
Des mois après cette tempête qui vint
Comme un grand témoin peindre l'Afrique
Comme la sphère la plus divisée de la terre,

Des mois après,
Des mois après cette tempête qui montra
La vacuité des organisations africaines,
Qui fit voir une vérité bouleversante,
Une vérité édifiante en même temps,
À savoir qu'en ce siècle incertain et si glissant,
Les medias de l'occident ont volé si bas, rampé,
Pour devenir le premier ennemi de l'humanité,
Des mois après cette tempête sur la Côte d'Ivoire
Qui laissa choir les masques de l'ONU
Et ceux des fervents démocrates de l'occident,

Des mois après,
Des mois après cette tempête sur la Côte d'Ivoire,
Je regardais la télévision un jour,
Et je vis mon ancien camarade G. Sor…

Très souriant et serein, très confiant et bien mis.

Je vis aussi son parrain D. Outta… fatigué,
Bouleversé, mais déterminé, et prêt à serrer
De toutes ses forces ce qu'il chercha longtemps,
Et périr avec, s'il le fallait, tel un vulgaire
Qui conquiert ce qu'il aime, vit avec et en meurt.

Non!
Est-ce vraiment mon Afrique?
Quels sont ces bois sans respect qui allument :
Joies, calme et jusqu'auboutisme sur ces deux faces
Au moment où quelques morceaux de chairs
Çà et là dans le pays tient encore fortement les os?
Ah, la face de la politique!
La face éhontée de la politique!

Non!
Est-ce vraiment mon Afrique?
Sourire quand du sang coulé n'a même pas tari!
Est-ce vraiment mon Afrique?
Sourire quand sous les yeux s'étendent des corps!
Est-ce vraiment mon Afrique?
Sourire quand du sang humain continue à couler!
Est-ce vraiment mon Afrique?
Sourire, sourire ayant les mains si lourdement
Chargées des peines et du sang humains!
Est-ce vraiment l'Afrique?
Qu'elle est cette nouvelle Afrique qui se bâtit?

Les vainqueurs peuvent bien rire et bien fêter,
Les vaincus peuvent descendre loin,
Loin dans les eaux abyssales de la peur,
De la compromission égoïste ou de la trahison.
Les absents, croyez moi, ne dormiront pas.
Ils ne dorment pas. Ils regardent et voient tout.

Les colères des os restés dans les eaux,
Les colères des os restés dans les bosquets,
Dans les forêts et les champs se lèveront,

Elles se lèveront et marcheront jusqu'aux villages,
Se lèveront et marcheront jusqu'au cœur
Des villes à la recherche de leurs bourreaux,
Les colères des os béniront de grands malheurs
Ceux qui les ont fait retourner tôt aux ancêtres.

Ô frères et sœurs ivoiriens tombés ou handicapés
Pour l'orgueil de la France qui ne veut pas perdre!
Ô frères et sœurs ivoiriens terrorisés et divisés
Pour les richesses et pour que le Newyorkais
Comme le Parisien chocolatent bien leur pain!
À ces pertes, à ces peines, aux larmes épaisses
Qui ne cessent de se répandre nuit et jour,
À ces sanglots qui fouettent inlassablement mes oreilles,
Je jette ici une grosse fleur de compassion.

Assoiffés du pouvoir, assassins, traîtres :
Amusez-vous, riez, jouez, fêtez et dormez!
Jouissez des avantages de vos crimes!
Mais vous n'irez pas loin.
Personne de vous n'ira loin, personne!

Rêves capturés d'un peuple,
Rêves torturés d'un peuple,
Rêves éventrés,
Rêves tués,
Rêves enterrés.
Dormez, ô morts!
Morts de Côte d'Ivoire morts pour la justice,
Morts pour la défense de la patrie,
Morts, patriotes morts,
De vos cendres, vous renaîtrez.

Côte d'Ivoire, Côte d'Ivoire!
Très tôt,
D'aucuns se disent que c'est fini,
Qu'il faut regarder vers l'avenir,
Que c'est un dossier déjà clos …
Oh!
Et pourtant, cette page est là pour longtemps.

Et pourtant, pour des décennies cette page est là,
Et pourtant, cette page est là pour cent ans.
Je ne le souhaite pas. Pas pour ce pays
Où j'ai eu beaucoup de bons camarades.
Je ne le souhaite pas. Pas pour aucun peuple,
Pas pour l'Afrique, pas pour ce pays.
Je ne le souhaite pas, mais c'est une vérité.

Esprit perdu

Tu as beaucoup marché.
Tu as trop étudié.
Tu as commencé chez toi,
Et une fois en occident,
Tu as encore bien appris.
Aujourd'hui tu ferais beaucoup
Pour les vaincus, les faibles,
Les enfants et adultes sur lesquels
L'ignorance et l'indigence
Ont jeté de très chaudes, amples
Et épaisses couvertures.

Tu n'es pas comme le jeune
Perdu de nos villes africaines,
Perdu dans la nuit de l'ignorance,
Perdu dans le ventre sans fond
De l'indigence, de la souffrance.

Tu n'es plus comme les paysans
Et les enfants oubliés de nos villages
Et campagnes d'Afrique
Et d'ailleurs qui tendent les oreilles
Et entendent se battre des tam-tams
Et balafons dans leurs ventres,

Qui tendent les oreilles
Et entendent des rugissements
Et coups stridents dans leurs estomacs,
Qui tendent les oreilles

Et entendent les pas lourds,
Assourdissants et menaçants
Des maladies et calamités,

Qui regardent et ne voient
Que la mort qui vient
Et a pour petit déjeuner des enfants,
A pour grand déjeuner des jeunes,
A pour dîner des corps vieux,
Sans que ceci n'émeuve personne.
Tu es important, très important.
Tu n'es pas comme eux.

Mais aujourd'hui,
Quand tu regardes chez toi,
Tu t'écries : « obscurité! »
Et n'y veux plus retourner.

Retournes-y, grand esprit perdu.
Ô grand perdu, que fais-tu?
Mais que fais la lumière
Sous une lumière éblouissante?
Que fais la lumière
Sous le jour ensoleillé?
La lumière quand elle brille
N'éclaire pas la lumière.
La lumière est pour l'ombre,
La lumière est pour la nuit.

Grand esprit perdu, ingrat,
Renégat, insoucieux égoïste,
Peu importent les autorités de l'antre,
Peu importent leurs pratiques :
Retourne dans l'obscurité avec
La flamme éclatante de ton esprit.

Prix du mépris

Un léopard est un félidé,
Un mamba est un élapidé.
Si ton coeur par trop de scrupules
Et ton esprit de bonté épris
Méconnaissent leur vraie nature,
Tu leur paieras cher ton mépris,
Oui.
Ne pas reconnaître de l'autre l'identité,
C'est laisser à l'usure la sienne propre.

La quête des gamètes

Tant attendus, les gamètes mûrs
Enfin se montrèrent un matin.
Ils se déversèrent juste le temps
Qu'un enfant prend à mouiller sa couche.

Des yeux troublés regrimpèrent le mâle.
Le mâle loin perché de costume bleu se revêtit.

Ces yeux fouillèrent toutes les parties du mâle.
Ces yeux avides le scrutèrent.
Ces yeux revinrent tous déçus.

Ils le voulaient plutôt blanc, gris,
Sombre ou noir ce mâle-là :
Pas bleu, non pas bleu.
Car de nombreuses jeunes filles nues,
Belles, sèches, prêtes,
Assoiffées, impatientes, agonisantes,
Dans les champs nus étendues
Du mâle bleu voulaient plus de gamètes.

Je les veux aujourd'hui

Le peuple s'est réveillé
Et a crié : Justice!

Et a crié : Liberté!
Et des fusils ont répondu :

« Silence, bande d'imbéciles! »
Et les matraques et les gourdins
Et les rangers ont criaillé :
« Gardez ces blessures caverneuses,
Ô bons pourvoyeurs de nos plaisirs. »

Alors des bouches de la foule du peuple
Ont vite lancé : « prudence!, patience!
Le temps à notre profit travaille et tranchera. »

Quel conseil!
Mais moi, je ne veux pas attendre,
Moi, je ne peux pas attendre.
Quel conseil!
Pas pour un volcan.
Votre froideur échoue loin de mon ardeur.

Le temps ne remet que ce qu'il a reçu.
Cette liberté, je la veux,
Je la veux aujourd'hui.
Cette justice, je la veux,
Je la veux aujourd'hui,
Sous mon toit, sur mon chemin.
Je les veux, car je peux les avoir.
Vous et moi pouvons les avoir.

Fusils, voici mon corps.
Rangers, voici mes tibias.
Gourdins, voici ma tête.
Matraques, je tends le dos,
Le ventre, les bras, les mollets,
Les muscles fessiers votre régal,
Les testicules… haï!
La verge, haï, haï!

Honteuses cellules, me voici.

Honteuses prisons, me voici.
Me revoici, nourrissez-vous.
C'est le prix de l'air sain,
C'est le prix de la balance.

Voici mon corps.
Fêtez, fêtez,
Fêtez sur mon corps,
Fêtez sur ce corps
Qui de la nuit de vos sévices
Sortira libre et bien aguerri.
Fêtez, ô êtres si proches
Des êtres des brousses et forêts.
Fêtez, fêtez!
Mais vous ne prendrez rien de moi.

Mon peuple veut fêter
Sans se donner en fête,
Mon peuple veut s'asseoir
Et obtenir du miel frais du champ
Sans prendre les piqûres d'abeilles.
Cela ne peut se passer ainsi.
Mon peuple, cela est impossible.
Les abeilles sont jalouses du miel,
Les abeilles aiment garder jalousement
Pour elles-mêmes du miel.

Le temps seul n'enfante pas la justice.
Le temps seul n'enfante pas la liberté.

Liberté, justice : je ne les vois pas
Entre les douces jambes du temps.
Je ne les vois pas
Entre les froides jambes du temps.

Je les vois
Entre les jambes-piments des gourdins
Je les vois
Entre les jambes-feux des matraques

Je les vois
Entre les jambes-épines des fusils
Je les vois,
Les vois
Entre les jambes-quinine des rangers.
Je les vois
Dans la gueule affamée de la mort.

Vous, vous pouvez regarder les saisons.
Vous pouvez adorer les saisons.
Mais je sais que liberté et justice ne sortent
Pas du sexe du temps au hasard.
On se bat, on s'ôte les habits,
On se met complètement nu,
On s'exerce dans le sexe du temps,
On y sème les grains de liberté, de justice,
On les y déverse abondamment.

Liberté et justice :
Les vraies et les plus durables,
Ne se négocient pas.
Je ne négocie pas.
Je les veux,
Je les veux aujourd'hui.
Pas demain.
On ne fête pas sans s'être donné en fête.

Cette rivière de l'enfance

J'ai traîné et noyé l'enfance
Non loin d'une rivière.
Une rivière qui serpente,
Se redresse, serpente,
Contourne les rochers,
Se perd dans les bois et chante et danse,
Se retire,
S'éloigne,
Épouse les vallées et plateaux,
Élude des prés les obstacles,

Arrose les prés,
Fertilise les prés,
Reverdit les prés
Révolutionne ses êtres,
Tourne et tourne
Descend en cascade,
Tombe, s'en va rapidement,
S'en va lentement,
S'en va tout droit,
Tourne et s'éloigne.

Un jour je l'observai
Et m'écriai : « bizarre! »

Mais plus tard regardant,
Regardant attentivement cette rivière,
Je vins à découvrir
Et conclure
Que la politique,
Quoiqu'on dise,
Reste du monde le serpent
Le plus dangereux,
Reste la tumeur du monde
La plus mystérieuse,
Devient parmi les vivants
L'être le plus hypocrite,
Demeure de la terre entière
La rivière la plus irrégulière.

Elle prend aujourd'hui cette forme,
Demain telle autre,
Le lendemain une autre forme,
Et après, telle autre encore.
Celui ou celle qui se vêt du manteau
De la politique peut rester juste au début,
Peut avancer dans la droiture,
Puis avec l'usure des jours,
Tout change,
Et l'on se retrouve devant la même rivière,

Avec les mêmes irrégularités,
Les mêmes surprises désagréables.

La politique roule, coule, serpente,
Serpente, monte, descend,
Gèle, serpente, serpente,
Fuit le peuple qu'elle cherche,
Serpente, serpente.
Sur sa voie la politique voit
Le peuple qui l'attend,
Voit le peuple
Pour qui elle vit le jour :

Elle l'évite, court, serpente,
Rencontre le peuple,
Se nourrit doucement
Ou violemment de son sang,
Le terrorise, l'affame,
L'amadoue avec des bouts de discours,
L'amadoue avec des promesses,
S'en va, disparaît,
L'oublie aussi longtemps
Qu'elle n'a pas besoin de son sang,
S'éloigne, serpente, serpente,
Se perd, et ne revient qu'assoiffée;
Et ne revient que pour le suc
Du peuple qu'elle affaiblit
Et détruit en lui souriant,
En le berçant d'amour feint.
Ah politique, rivière énigmatique!
La politique demeure cette rivière
De l'enfance qui me hante.

Une berge commune

Rayonnez, rayonnez!
Égoïstement, rayonnez!
De votre siège à nous,
Voyez quel gouffre!

Vous rayonnez?
Rayonnez, rayonnez!
Seuls, rayonnez!
Mais qui qu'ici vous soyez,
Nous avons la même sortie.

Égoïstement, rayonnez!
Rayonnez!
Mais notre commune sortie
Non loin se trouve.
Non loin, pauvres âmes.
Elle est tout près, dans les bras
Du robuste dérobeur des souffles.

Le traîneau du respect

Avant toi, misérable,
J'ai vu de nobles baobabs,
J'ai vu de nobles séquoias
Et de nobles fromagers.
Aucune de leurs branches
Sur l'avalanche des plants
A leur pied ne tomba.

Un soleil tombait cruel,
Leurs feuilles devenaient des toits,
Et les plants étaient saufs.

Une grêle se révoltait,
Leurs feuilles devenaient des tuiles,
Et les plants étaient saufs.

Des eaux océaniques chargeaient
De violents pets d'ouragans
De semer de la terreur,
Les bustes de ces géants
Devenaient des boucliers,
Et les plants étaient saufs.

C'était là le traîneau du respect,
C'était là l'art de s'élever,
C'était là de l'autorité.
C'était là la vertu dans le pouvoir.

Et qu'un papayer mâle
Aujourd'hui tant menace
De s'abattre sur tout!
Misérable, crois-moi,
Tu m'auras sur ta voie.

Métallique voix du métal

À grands cris il l'appela.
Elle lui donna le dos,
Feignant d'admirer des fleurs.
Elle fit la grande sourde.
À nouveau il l'appela.
Elle ne daigna le regarder.
Son esprit était de marbre,
Son corps était un roc.

Il fit craquer quelques papiers
Et tomber quelques pièces.
Elle fit volte-face.
Et dit de joie assaillie :

—Qu'as-tu dit?
—Ce n'est pas moi que tu as suivi et suis.
L'argent je crois, oui l'argent.
—Mon ami, ne sois pas timide.
Que dis-tu?
—Comme c'est la règle aujourd'hui,
Voici de l'argent, le voici :
Parle-lui, parle-lui donc!

La voix la plus retentissante,
La plus grosse, la plus douce et attractive

À nos jours erre sur les lèvres du métal.
Le sourire, le total, le plus beau
Est généreusement servi au métal.
Ah! La honte ne nous rançonne plus.

Emporte-moi

Emprunte-moi comme tu veux.
Emprunte-moi la nuit, sous la pluie.
Emprunte-moi le jour, sous le soleil.
Emprunte-moi quand tu veux,
Pour des trajets terrestres et aériens.
Pour de simples et dures besognes.
Emporte-moi, emmène-moi où tu veux,
Tel un grand vent une légère feuille sèche.

Mais n'ose pas m'emprunter pour haïr,
N'ose pas m'emprunter pour salir l'autre,
Non, ne m'emprunte pas pour détruire
Ce que pour dresser ont trimé les autres.
Si tu as vraiment une âme,
Ne m'emprunte pas pour voler,
Pour calomnier, tourmenter, torturer ou tuer.
Je ne serai pas un couteau sous un manteau
Dont on se sert pour attaquer et blesser.
Ah! Non, non. Non. Tout sauf cela…
Ne prends pas ma main pour semer le mal,
Ne prends pas ma main pour semer la douleur
Dans le champ corporel ou spirituel de l'autre.
Je dis non, m'entends-tu?

L'artiste et la vérité

Artiste écoute
écoute
de ton âme les tam-tams
Mais jamais n'oublie
combien frivole
et combien perfide

est l'être humain

De toute grande vérité
qui de ces tam-tams
s'élève
sois généreux
à ce corrompu
ce têtu

Cette même vérité
verse-la
dans divers verres
verse-la
dans différents vases
jusqu'à ce que
cet arrogant frivole
la porte et l'avale.

Les verres
qui la portent
portent des fleurs
Ces fleurs
ne sont qu'un support
Si elles cessent de l'être
Si elles sont de trop
et trop belles
elles cachent
du verre l'intérieur
et la vue
et l'âme
ou l'ouïe
envoutées
fragilisées
détournées
deviennent inaptes
à servir au malade
ce breuvage curatif

Cette même vérité

verse-la
à ta manière
et très librement
dans divers verres
verse-la
dans différents vases
jusqu'à ce qu'enfin
ce malin petit perfide
l'avale
et s'en purifie.

Cet amer vin de l'univers

Tu me dis : « tu es la seule,
La bonne, l'unique herbe
Qui m'a pourvu du sommeil.
La bonne, l'unique herbe
Qui m'a bien parfumé.
La bonne, l'unique herbe
Qui me séduit, me couvre
Et me couvrira tous les jours. »

Tout cela me plaisait
Tout cela me berçait,
Me dopait,
Tu comprends,
Tu le sais,
Oui, oui...
Oui.

Mais...
Mais quand...
Mais quand j'ai...
Quand j'ai tourné…
Tourné le dos,
Très vite, une autre herbe…
Que caché-je!
D'autres herbes
T'ont bercée et ont savouré

La même musique que
Longtemps tu m'as jouée.
Ah, désastreuse trahison!
Quelle morsure!

Cet abondant vin des prairies d'amour,
Cet amer vin de l'univers,
Toi, toi aussi tu me l'as versé!
Toi aussi tu me saoules
De cet amer vin de l'univers!
À présent, laisse-moi aller
Me cacher tel un gibier heurté
Et souffrir de ma blessure abyssale.
Laisse-moi en paix,

Laisse-moi fuir cette puanteur!
Laisse-moi, laisse-moi aller
Oublier ce que je perds!
Laisse-moi!

Deviens une fontaine

Tu sors de l'impur,
Tu crois sous l'impur.
Reconnais-toi tel
Et mets-toi en route.
Nettoie-toi, grande saleté.
Bats-toi, être humain,
Être en chemin,
Pour sortir des sordides sentes.
Tu y tends par nature.

Être, chasse, repousse le cru
Qui en toi germe et te berce
Du berceau jusqu'au tombeau.
Fais-toi humain, ô homme!
Fermement bats-toi, être,
Et deviens pour le monde
Une fontaine pérenne.

Fais un trou sur ton cœur
Et sers au monde la crème
Qui s'y trouve à foison.

L'être démasqué

Tu me veux comme tu es.
Sais-tu d'abord qui tu es?
Peux-tu jamais dire qui tu es?
Peux-tu jamais savoir qui tu es?
Tu ne peux; ah! Tu ne peux.
Donc, je ne peux, même un peu.

Si souvent tu dis, je.
Parfois tu signes, je :
Des je pluriels que tu ignores,
Des je nous que tu ignores.
Pire, des je sans toi que tu ignores,
Des je entièrement eux que tu ignores.

Tes je deviennent ces belles maisons
Par des bandits toutes vidées,
Par de nombreux rats habitées,
Par des colonies de termites rongées,
Par une armée de puces occupées
Dont les propriétaires de retour
D'un assez long voyage
S'évanouissent quand ils les ouvrent.

Tu es, comme moi, la feuille du vent.
Nous sommes tous des feuilles du vent :
La feuille historique du vent,
La feuille héréditaire du vent,
La feuille sociale et culturelle du vent.

Ô humain, humains!
Te voilà, me voilà, nous voilà.
Voilà notre grand trône,
Ou notre fierté éventrée

Qui devient subitement un météore.

Toujurforte
Il est sur le dos,
Les yeux encore mi-clos.
On approche, l'appelle.
Pas un bruit, pas un geste.
On se penche et le remue.
Rien.

Le souffle déjà erre loin,
Erre loin cherchant un espace calme.
Erre loin cherchant une grotte,
Cherchant un bois, une rivière,
Une montagne, un être vivant,
Une vieille case abandonnée
Où en paix il pourra entrer se reposer.

Il n'y a pas longtemps,
Il se promenait, chantonnait.
Il saluait, questionnait,
Devisait avec des amis.
Il lisait, faisait rire,
Il riait, mangeait, buvait.
Il étageait des projets,
Tenait tout sous contrôle.

Mais voici, plus rien...
Plus jamais rien, rien
En direct avec les autres.
Depuis l'aube du monde,
Être multiforme,
Entourée de mystères,
Elle est toujours à l'œuvre,
Mais qui la maîtrise?
Qui la connaît?
Qui le peut, qui le pourra?
Personne, personne…
Ô irréparable, ô mystère!

Ô défi de tous les temps!
Ô insurmontable défi!
Elle s'appelle Toujurforte.

L'écrivain : ses déserts et ses pluies.

Ce n'était qu'hier. Telle une termitière
Qui dès l'aube sous une fine pluie
Ouvre ses mille portes et nourrit
De ses petits ailés un nuage d'oiseaux,
Il gavait de son âme fertile
Ce monde si sale et puant.
Il gavait ce grand désert.
Aujourd'hui quand il se lève,

Il se sent complètement vide,
Perdu, pauvre, frêle, léger, sot, nul.
Il voit des déserts à arroser,
Il voit des jardins à arroser,
Des terres à fertiliser,
Des guis à arracher,

Et son âme se fait inapte :
Inapte à les approcher,
Inapte à les palper,
Inapte à les pénétrer,
Inapte à les représenter.
Il supplie la grande force
Qu'il ressentait hier sous son âme.

Il la supplie mais en vain.
Son œil se remplit, et las,
S'endort momentanément
Sans fixer la sente de résignation.

Il supplie cette force invisible,
L'invoque, la vénère,
Fait ses éloges. Hélas, hélas!
Il veut se jeter sur la sente du désespoir.

À autre chose il pense,
Il veut se tracer une autre courbe,
Il veut dès lors se faire autrement
Utile au monde; il s'apprête.

Mais tout d'un coup,
Son âme le surprend,
Son âme tout d'un coup se rallume
Telle une lune fulgurante,
Se fait épaisse, tranchante,
Son âme devient une ruche lourde.
Sa tête de plus belle tel le sous-sol
De l'Orient désertique est pleine.

Il la pompe, elle gonfle, il la pompe,
Il regarde le monde et elle se charge.
Sur le monde, il la décharge.
Elle se charge, il la pompe,
Elle se charge, gonfle, il s'affaire.
Au lit, en promenade, en voyage,
Il doit sans relâche l'alléger.
Au travail, chez lui en mangeant, au lit.
Il doit
    Rester
           En
                  Mouvement...
Il doit.
Et s'il ne la pompe et pompe, elle explose.
Ô déserts et pluies de l'écrivain!

Cycle des mirages

Quand erre le matin sur ta peau,
Tes oreilles aux bouches sages se bouchent,
Et tes yeux ambitieux atterrissent sur tout.
Sans rien saisir tu crois tout cueillir.
Croyant que rien ne peut calmer ta soif,
Sur tout tu sautes telle une panthère
Qui anéantit une bergerie sans rien emporter.

Et quand tombe le soir sur ton corps,
C'est la chute totale des mirages.
L'esprit affaibli alors se met en route.
Plus de beaux rêves, plus de sommeil.
La seule belle et unique cantique
Qui sonne sous ton coeur devient :

C'est le soir,
Qu'ai-je fait
Toute la journée?
Il fait froid,
Il fait trop froid.
Au secours!
Du bois!
Du feu!
Du bois!
Au secours!
Une couverture!

Et quand te répond le silence,
Le vrai silence,
Le profond silence
De l'être de la solitude,
Tu cries, maudis, contredis,
Abasourdis, décries.
Plus qu'un grabataire
Tu perds de tout le contrôle,
Tu perds de vue ce que tu fus et fis.
Ton cœur devient une forêt de rancœurs.
Ah, ah, ah!

La famille
Enfant on te portera
Enfant tu viendras
Enfant et encore on te portera
Et puis tu ramperas
Et puis tu marcheras

Et t'attirera le monde
Et tu marcheras, marcheras
Et pubère tu seras
Tu seras
Et t'attirera le monde
T'attirera le monde.

Et te fascinera, t'envoûtera
Te bercera, te bernera le monde
Et contre toi-même et les tiens
Naîtront des conflits-Mississipi
Des conflits-Lac Kivu
Et entre le monde et toi-même
S'allumeront des conflits-océan
Des conflits-forêt-Amazone
Des conflits-Sibérie-Sahara

Mais rejetant, maudissant
Et reniant les tiens en ce monde
Sans eux, vraiment sans eux
Tes chances de sombrer enflent.

Enfant, jeune, adulte : la famille
C'est le nit où enfin l'on se pose
Lorsqu'on a survolé la terre entière
Garde-toi de la détruire ou de la fuir.

Avance! Avance!

Aujourd'hui,
parce que tu peux librement
dans toute salle de ciné entrer,
dans tout bus t'asseoir où tu veux,
dans tous les parcs te promener,
dans tout restaurant manger,
dans tous les marchés aller :
tu te dis libre et l'égal de l'autre,
tu te dis déjà dans tous tes droits.
Aujourd'hui,

parce que tu peux librement
sucer une noix de palme
et en savourer le parfum,
tu te dis déjà dans tes droits,
tu laisses le champ du combat.

Hé toi, voyons!
Tes dents sont-elles assez solides
pour atteindre l'amande de la noix?
peux-tu où tu veux te soigner?
peux-tu où tu veux étudier?
peux-tu où tu veux aller en congé?
et où tu veux, vas-tu travailler?

Quand tu vois la noix et la suces,
tu crois que le soleil est revenu,
tu crois même qu'il t'inonde,
tu as la certitude qu'il sort de ta poche,
pourtant, ton prétendu soleil
reste toujours bien serré
dans les mains d'airain de l'autre.

Tu dois commencer à creuser,
À creuser plus en profondeur.
Le chemin est encore très long,
lève-toi, lève-toi!
Tes vrais droits sous la dure coque
de la noix se trouvent.

Quand la nuit zèbre l'éclair,
tu te dis déjà au soleil.
pourtant, ce lait de tes jours
est au bout d'un marathon.
Pour tes vrais droits,
ta main doit ouvrir la coque,
et pour la découvrir,
à ton vouloir doit
s'ajouter une grande fougue.

Peuples de la grotte
Ah, peuples de la grotte!
Comme sel en mer
Pullulent d'étincelles
Qui toujours s'éteignent.
Quand auront-ils du feu,
Leur feu, ces peuples?
Ah, peuples de la grotte!

Nuits des diamants, diamants des nuits
En ces endroits du monde dits édéniques,
Trop de misères et divers enfers
Similaires aux grands hivers.
En ces endroits dits infernaux,
Tant d'Édens inconnus.
Nuits des diamants, diamants des nuits.

Ventre, ventre de femme I.
Attention!
Sans son total aval
n'étouffez
ne piétinez
ne fécondez pas
le ventre de la femme.

Base de l'humanité
grand point de rivière
où s'opère le mystère,
Sacré est de la femme le ventre.

Ventre de femme,
fertile mystérieuse terre
où germe le sauvage
et miraculeux grain
tombé des sacs de l'homme!
Homme,

féroce impatient être,
attention!

Le ventre de la femme
est une riche terre
en friche en attente,
en attente.
le ventre de la femme
est une importante terre
fertile à défricher.

Le ventre de la femme
est une étrange terre
à étouffer
à piétiner
à enrichir
à féconder.

Mais sans son total aval,
ne l'approchez pas,
ne le touchez pas.
C'est le sacré.
Sans son aval,
si de vive force
vous y arrivez,
vous serez maudit,
vous serez châtié.

Ventre, ventre de femme II.
Femme!
les lampes de ton âme
m'ont trop parlé
et semblent vouloir
les semences sous terre,
mais ta bouche est inanimée.
si elle revenait à la vie,
si elle disait oui,
je serais un félin

sur cet océan de plaisirs
où à haute voix
déjà m'appellent
tes lampes consentantes.
Ventre de femme,
Ô Éden de la terre.

Chant du vieux philosophe

Ô mon âme, partie divine
Qui en mon frêle bois repose!
Ô Dieu, avant mon adieu
À la terre, protège le lustre de
Ce qui en moi te ressemble.
Que la reine de la terre
Par la porte de mon âme jamais
Ne s'annonce.

Qu'elle ne l'approche jamais,
Que n'y résonnent ses durs doigts,
Qu'elle ne se lève et altère
De cette belle voile la clarté
Par laquelle sagement ces jours
Tu as parlé à l'humanité,
Fait pousser de belles roses
Parmi d'effroyables chiendents,
Fait croître de grosses oranges
Au milieu de longues épines et
Éteint d'infernaux incendies.

N'est-il pas davantage sage, ô Dieu,
Que cette belle toiture de la masure,
Cette admirable boussole du corps,
Jamais ne se ruine avant son support?
Dieu, le capitaine doit en maître voir
Le naufrage de sa faible barque
Avant que l'entraîne la tempête.

Trop de sourire

Elle s'est éloignée, la personne, et tu pleures.
Sans espoir dans le grand miroir du temps,
Aujourd'hui tu te cherches, hélas en vain.
Tu pleures l'être en voyage.
Tu pleures cet être que tu choyais.
Tu pleures et, tel un grand rapide,
Vas intrépide vers les bords de ta ruine.

Tu pleures, et tel un géant bois las,
Veux à la terre entière offrir ton meilleur cri.
Au monde aujourd'hui tu offres
Des larmes abondantes très profondes,
Assez poignantes et sauvages.

Mais sais-tu, sais-tu, ô frêle tête frappée,
Que ta peine n'est qu'une goutte d'encre
De l'immense encre lacustre des douleurs?
Ces douleurs qui en ce monde autour de toi,
Loin de toi ont coulé, coulent, et couleront
Chaque saison, sans que l'opaque toile
De chacun-pour-soi jamais te les dévoile?

Cet être que tu aimais et allais jusqu'à déifier,
Tant d'yeux sur toi lisent de son absence les ravages.
Mais des larmes, garde-toi de te voiler l'œil,
Et regarde :
Cette perte ne serait-elle pas du sort la main
Pour t'ouvrir de l'humanité le livre?

Vivre c'est aussi apprendre à comprendre.
Si souvent, trop de sourire nous distrait,
Nous ligote et à l'écart de la vie profonde et réelle,
Nous abandonne.
La grande douleur alors hâte le pas,
Nous détache et généreusement nous aide
À rétablir cet important contact perdu.

Dans un univers à l'envers

Dans un univers à l'envers,
divers vers prétendus pervers
peuvent vers des pervers
s'orienter tels de sévères fers
dont on rase un bois vert.
Tel un produit qui saisit et
Détruit les vers sont ces vers.

La saison humiliée

Le vent sous toutes les Maisons feuillues
Était entré et dans ses monstrueuses mains,
Il serrait mordicus les enfants pâles de la saison
et criait à cette rivale affaiblie et humiliée :

Pauvre saison, les voici tous à moi
les habitants qui te rendaient si fière.
Qu'y a-t-il encore de plus humiliant, saison?
Tous tes habitants sont dans mes mains.

Les femmes montrent toute leur beauté
Quand elles se mettent nues,
mais regarde comme tu es laide dans ta nudité!
Ah pauvre saison à la beauté artificielle!
pauvre saison à la beauté éphémère!

Hier je ne voulais que quelques uns de tes enfants
pour ma toilette pour me faire important
et plaire comme toi aux humains,
Mais tu me narguais, me huais et me repoussais.

Vieille mourante, pendant que j'étreins tes enfants,
les porte dans mon lit et les humilie,
maintiens l'œil largement ouvert sur mon forfait,
et cours en pleurant te reposer dans ta bière.
Je la scellerai et te porterai à ton ultime demeure,
idiote!

Dimensions du grain

Luisant joli petit grain,
Des rêves à te voir
Arpentent tout mon corps.
Luisant joli petit grain,
À quelle hauteur du sol iras-tu?

Luisant joli petit grain,
Seras-tu cet arbre fruitier
Qui refuse de s'élever,
Refuse de jeter ses cheveux dans l'air,
Préfère se répandre au sol,
Et porte des fleurs que les hérissons
Et autres herbivores de la brousse
Ne laissent jamais porter de fruits?

Luisant joli petit grain,
Seras-tu cet autre arbre fruitier
Qui, à une meilleure hauteur
Abonde de fleurs puis de fruits
Et nourrissent les voyageurs?

Luisant joli petit grain,
Ou seras-tu plutôt cet autre arbre fruitier
Qui monte, monte, s'allonge,
Suit le ciel, le poursuit, le poursuit
Et va loin des voyageurs affamés
Hisser des fruits que personne ne cueille,
Des fruits qui ne retrouvent le sol
Qu'en morceaux-couteaux affilés
Qui fracassent les crânes des passants?

Luisant joli petit grain,
Que deviendras-tu au sol?
Luisant joli petit grain,
Ô jeune petit mystère.

Chacun en soi porte l'humanité

Foisonnent et naviguent
En chaque humain des richesses.
Tout humain est une vérité des vérités.
Tout humain est un mystère des mystères.
Chaque humain que nous voyons porte
À enfanter l'humanité.

Je parle à vous. Oui, à vous...
À vous qui n'y pensez pas,
À vous, à vous qui refusez cette vérité.
Je parle à vous qui dormez.
Je parle à vous qui jouez.
Mais aussi à vous qui pour la porter
Plutôt la jetez durement par terre.
Mais aussi à vous qu'on néglige
Et qui dans la résignation finissez.

Laissez de cirer et faire luire pour mentir
Vos corps, vos habits et vos souliers.
Laissez d'aller dans les pièges des cruels.
Laissez de cacher de l'humanité
Le grand héritage que vous reçûtes.
Laissez de l'enterrer sous des mensonges.
Laissez de la compromettre pour votre ventre.
Laissez de l'humecter de votre bile.
Cirez le coeur! Cirez, cirez l'esprit
Et remettez à l'humanité affamée
Ce qu'en vous de sublime elle cacha.

L'humain et le destin

Eau, tu jaillis abondante de la terre,
Tu fais quelques petits pas,
Puis te perds très vite sous terre
En approchant les toits des assoiffés.

Eau, voici : ton sadisme et ta tyrannie
Ont dégourdi et assagi leurs crânes.

Va, va encore plus loin sous terre,
Et delà va encore où l'on ignore.
Leurs bras sont courts, certes.
Mais ils peupleront leur sol
D'arbres aux racines-vampires.

Ces racines descendront en silence,
En silence t'atteindront,
Te suceront et te jetteront dans le ciel.
Les mendiants repoussés et humiliés
Seront tous dans leurs maisons
Quand sur leurs toits tu crieras :

« Vous êtes ingénieux, ah je me résigne.
Me voici! Je suis bonne; je suis à vous! »
Et ils fermeront bien leurs oreilles
À ton ennuyeuse musique confuse.

Eau, petite perfide : tu chanteras,
Petite perfide, tu pleureras,
Petite perfide, tu supplieras,
Et tu t'en iras et reviendras
Et en solitaire tu pleureras, pleureras
Pleureras, sans fin pleureras, sans fin …

Les déserts peuvent être des terres généreuses
Où s'installe et se développe une vie prospère,
Les régions des grands froids du monde
Peuvent être des plus envieux du monde,
Sur ces nuits du monde peuvent croître des jours,
Si le génie humain se met en route.
Le talent humain est l'engin broyeur du destin.
Il n'est pas de coups à l'être humain
Que ne surmonte le talent de son esprit.

Les essences primaires de l'être

On dit n'avoir pas du ciel eu ce don-là!
On dit n'avoir pas du ciel eu ce don-ci!
Une fausseté. Laissons le ciel en paix.

Notre esprit pouvait en tout entrer et rentrer.
L'œil est fait pour franchir d'épais murs,
Percer des monts, pénétrer partout.
L'oreille est faite pour tout chasser,
Happer et dévorer jusqu'à l'imperceptible.
Une parole peut naviguer d'un bout du globe
À une oreille à l'autre bout sans support.

Toutefois avec son oeil, son oreille, son esprit
Et d'autres organes, l'humain a trop joué.
Sur des souillures, il les a émoussés
Et a fait de ces puissants des faibles.
Quand ce n'est l'un des parents ou les deux
Qui les ont affaiblis, c'est l'enfant, la société…

L'humain a reçu un si grand héritage.
L'humain a trop reçu, reçu de grandes forces
Dont jamais sagement il a su se servir,
Des forces dont il ne tire jamais assez profit.
Mal tenu ce si grand capital,
Il se perd, et du ciel on se croit non élu.
Notre esprit pouvait en tout entrer et rentrer.

Une dure épreuve

Douloureuse scène en région bamiléké.
La tête de la terre de jeunes pluies ointe
S'était d'une chevelure drue recouverte.
Un énorme serpent qui engloutit un enfant.
Dans cette contrée où l'on interprète
Si obscurément et durement des faits pareils,
Cette famille devint un cahier où tout s'écrivit.

Un énorme serpent qui engloutit un enfant.
Elle travaillait de l'autre côté du champ,
Quand on vint lui lire le sombre livre du destin.
Oui, l'émotion tint son cou et noya sa voix comme
Un crocodile qui va sous l'eau avec sa victime.

Les muselières de la tragédie serraient sa bouche.
Ses mains encore de terre couvertes parlaient.
Ses mains seules parlaient trop aux visiteurs,
Ses mains parlaient dans le pur
Et brillant langage de la douleur.
Ah, quelle lèpre sur une famille !

Un énorme serpent qui engloutit un enfant.
On vint voir de la victime la mère.
Elle voulut raconter les faits.
Pas facile. Elle fit encore d'effort.
Les bâillons de la douleur lièrent sa langue.
Il arriva comme si une ficelle suspendue
À un arbre déjà savourait son cou.
Une grosse émotion pendit sa voix.
Ah, quelle lèpre sur une famille !

Mon mariage

De mon grabat souvent sautant,
Le jour se dévêt et, devant mon oeil
Il me dit : « Comment me trouves-tu ? »
Quand je traîne il s'empresse : « que dis-tu ? »

Je laisse tout. Peu importe où je vais.
Je m'arrête.
Peu importe vraiment ce qui m'attend.
Je laisse tout.
Peu importent les monts d'obligations
Qui reposent sur la table de ma tête.
Je laisse tout.
Peu importent mon humeur,
Peu importent mes forces,
Peu importent mes préférences.
Je laisse tout.

Avant que de ses sombres vêtements
Il se revête la nudité, je dois parler.
Et si je veux l'ignorer,

Alors finie la paix, fini le sommeil.
Sur mon lit il se jette, me saisit, me secoue,
Me frappe la tête jusqu'à obtenir mon avis.

Et si de mon grabat sautant il est absent,
Je m'empresse, partout je le cherche,
Je l'appelle, je marche, je cours,
Je transpire, halète, le fouille,
Jusqu'à le retrouver et le dévêtir moi-même.
Et en ce temps il me glisse :
« Comment suis-je? »
Vite en bon ami de la vérité je le fixe,
Plonge et moissonne jusqu'au détail.

Un jour il me parle et je lui réplique :
« Quel grand changement y-a-t-il en toi
Depuis que je me détruis les méninges? »
Il me dit de continuer et que je suis son esclave.

Ce ménage veut un mage assez sage.
Il y a longtemps que j'ai épousé cet être,
Deux ans au collège après l'école primaire,
Âge des rêves ventrus et de la naïveté.

Ce ménage réclame un mage assez sage.
Aux caprices du jour, je me laisse sans vice,
Aux caprices de cette dame je m'abandonne.
Quand ce n'est pas elle qui me suit je la suis.
Et telle une mère extrêmement jalouse de son bébé,
Je la côtoie, je la prends, la contemple, la choie,
La nettoie, la rince, la sèche, la berce, et la couche.
Je veux tout faire pour voir cette dame en santé
Et souriante, charmante, en paix et heureuse.
Mais toujours elle me déçoit quand je la vois.
Elle est la lame qui me fait saigner et aussi rêver.
Elle n'est jamais la même. Jamais.
Ah quel caméléon!
Ce mariage exige beaucoup de courage.

Ils n'ont pas de toit fixe

Dans cette ville au visage très souriant et accueillant,
Dans cette ville d'une opulence insultante,
Ils n'ont pas de toit fixe où dormir ces pauvres-là.
Mais quand même chaque jour ils dorment eux aussi.

L'aurore sème dans la tête des passereaux
Les chants dont ils parsèment le jour naissant.
En même temps la même superbe aurore
Chez ces humains soulève leur calvaire.

Avant même que ne se réveillent leurs paupières,
Cette aurore déjà en leurs têtes tel un bataillon
Sans cœur ni loi glisse et se déploie,
Ils voient ses sévères menaces :

Elle leur dit de combien de piqûres du feu tombant,
De combien de tourbillons et poussière de railleries,
De combien de mépris d'opulentes fontaines privées,
De combien de rires narquois d'hôtels et de casinos
Se tissera et se prolongera leur journée.

L'aurore les lorgne et les pilonne,
Les pilonne, et ces humains sans pain,
En songeant aux nombreux touristes
Qui circulent et dépensent avec égarement,
En songeant aux riches, aux gens de partout
Qui viennent admirer les fruits de la richesse
Et s'y distraire parfois follement,
En songeant à eux, en sublimant le songe,
Ils se nourrissent du pain d'un futur meilleur.

Au fil du temps, misères et déceptions en piochant
Leurs boyaux et leurs cerveaux ont fini par voler
La netteté de leur vues, de leurs touchers et de leurs ouïes.
Elles ont introduit une sorte de danse
Dans les mains et jambes de quelques uns.
Mais il faut, pour voir cette danse constante,
Du très petit détail être capable.

Au fond de ces cavernes des temps modernes,
L'appétit des drogues et la vie de débauches
Qui les flattent tant ne tolèrent aucun divorce.
Les damnés sont tous comme les herbes :
À des formes diverses de crucifixion,
On en trouve dans tous les pays du monde.

Main Street, Las Vegas

Sublime raison

Quelle honte! Quelle honte pour l'humain!
Quelle hippopotamesque honte!
À peine sa queue tombe
Qu'il se la refixe derrière.
Raison! Cette raison au fond
N'a-t-elle pas à nos jours rendu
L'être plus misérable qu'hier?

L'humain, l'humain et la raison!
N'a-t-il pas au contraire reçu,
Tel un aveugle, un bâton dangereux
Dont il se sert pour remuer sa brousse
Et la remuer jusqu'aux lieux
Où jadis traînant une longue queue,
Il n'osa ni ne songea aller?

Raison, sublime raison,
Ô mère des civilisations
À la tête ceinte d'épines!
Raison, raison : bâton d'orgueil,
Bâton d'ascension et d'arrogance,
Bâton (hélas!) de notre chute.

Une grand-mère et sa petite fille

Fille, de quel avenir à bâtir parles-tu?
Fille, de quelle vie bâtie parles-tu?
Fille, de quelle immortalité parles-tu?
Regarde, déjà sur ton front se naissent
Doucement et serpentent des sentes.
Et à travailler et à manger, tu es là.
À te faire lisse, à te faire belle
Et te faire admirer, tu es là.

Du mariage tu ne t'émeus pas.
Tu t'y opposes, tu n'y songes pas.
Contre les fruits du mariage sans mariage,
Tu formes une forte rébellion.

Chaque ami intime que tu connais arrive,
Traîne sous ton arbre de l'humanité,
Te sert de l'humanité sa sève,
Te sert cette précieuse sève de l'humanité,
Te la sert, te la sert et te la sert.
Et tu es là toute luisante et plate :
Plate avec le devant plus plat
Que l'espace d'atterrissage des avions,
Parce que tu veux vivre plus libre,
Parce que tu évites de t'encombrer.

Où serais-tu si cette forme de liberté
Dont tu parles tant à notre temps me hantait?
Comment, ah ma fille, peux-tu laisser
Et l'espace blanc et la marge
Pour aller écrire dans le vide?

Ma fille, reviens sur le sentier.
Ma fille, une plume écrit sur la page.
Ma fille, chante comme chez nous,
Chante comme depuis la nuit des temps
Chante ta société et non comme celle d'ailleurs.
Ma fille, tu marches en marge de nos normes.

Ma fille, ma fille, tu innoves à gauche.

Et parlant de ton immortalité,
Cette immortalité s'enfouira-t-elle
Dans l'esprit des eaux, des arbres, des animaux,
Des rochers, de la terre, du vent et des nuages?
Ma fille, ma fille, tu innoves à gauche.
Suivant nos mœurs, une plante ne s'élève jamais
Et se renverse sans au vent lancer d'enfants.
Ma fille, ma fille : tu n'es pas notre fille.
Tu n'es pas encore notre fille,
Et je veux que tu deviennes notre fille.

Le plus grand monstre de tous les temps

Les horreurs de la terreur sont évidentes.
Mais ton coeur ne perçoit pas cette terreur.
Il est l'heure que tu quittes cette erreur.

Ailleurs la peur.
Tu dois avoir peur de toi-même,
Aie peur de toi, être humain; pas d'autres choses.
Le monstre c'est toi. Le monstre est en toi.
De quoi devras-tu t'enfiévrer?
De ton esprit; de l'esprit humain,
Cet invisible imprévisible solitaire être du monde.
C'est de lui que tu dois t'enfiévrer.

Les grandes fumées et grandes inondations
Du monde ont l'esprit pour berceau,
L'esprit pour parent, l'esprit pour maître,
L'esprit pour précepteur et pour soldat.
L'esprit est le plus grand monstre de tous les temps.

Qui protège ce père des monstres?
Qui veille sur les jours de cet être?
Sous la chair logé parmi les os,
Défendu en surface par le langage,
Le sourire, les yeux, les gestes et les vêtements,

Il est prêt à toutes les grandes bêtises.

Aucun enfant, aucun roi, aucune star,
Aucun politique, aucun palais, aucun général,
N'ont la sécurité dont l'esprit dispose.
Aucun élément de notre cosmos
Comme l'esprit n'a de si grandes gardes.
Et c'est là où réside le côté mystérieux de l'être,
C'est là où réside l'autonomie de l'être,
C'est là où la force de sa versatilité s'enracine.

Au soir dans le noir

Je me demande : que dira-t-on
De moi quand au soir dans le noir
Pour le long trajet je descends?
Tant de choses, sauf ce que je veux.

Et que veux-je au juste?
Qu'on clame partout que j'étais juste,
Que j'étais sage, intelligent, impartial;
Qu'honnête j'étais et ascète et généreux.
Mais qu'aussi j'étais imparfait.

Mais nul peut-être ne dira ce que je veux,
Très peu diront ce que je veux.
Mon oeil plus ne contrariera aucun œil.
Mon œil ne fera plus peur à aucun œil.
On dira sans le sérieux qui je fus, ce que je fis.
On dira tout, jusqu'aux détails-son de maïs.
On dira tout, et parfois en oubliant tout.

Réaction et position

S'ils veulent ton sang et
Dans le refus ton talent
Par terre laisse le leur,
En ton esprit, en ton coeur,
Où désormais est ton rang?

Temps des châtiments

Jaunes d'un coup devinrent leurs vêtements
Et très furieux enfin vint un voleur.
Hier en bijoux, frais et forts, les amis en vert,
Se virent plus tard sans parures, imberbes et nus.

Couleurs et formes de pensées

Vos pensées jaunes,
Vos pensées-clarté des grottes,
Et vos actions rouges
Forment des flèches
Qui trop m'effraient.
Et à tous mes mots
Elles donnent des couleurs.

Mais pensez plus en bleu!...
Mais agissez plus en vert
Oui plus en vert, en vert
Pour que mes vers
Soient moins couverts
D'encre sombre!...

De moi,
Ne vous plaignez pas.
D'une photocopieuse,
Ne vous plaignez pas.
Changez!

Peuple, ce pays est à toi

Tu les crois forts et les rends forts.
Tu te morfonds. Eux, ils font ce qu'ils veulent.
Peuple, le jour de tes larmes n'a besoin.
Peuple, la nuit de tes sanglots n'a besoin.
Peuple, fais, fais ton devoir,
Ton dur devoir, to vrai devoir.
Agis, peuple! Agis, agis!

Que de féconder d'épais pleurs le jour,
Et de tumultueux lugubres sanglots la nuit.
Arrête de te noyer dans le Congo de tes yeux.
Peuple, ce pays est à toi. Il est tien; tiens-le!

Quand je la vis et la revis

Quand la première fois je la vis,
À peine neuf fois autour de la gracieuse créature
Les tams-tams annonciateurs des grandes récoltes
Avaient résonné et bercé l'air dans les villages.
A cet âge, à ces lunes vertes, à ce stade de duvets,
Toutes les parties de son corps :

La taille, la tête, le front, les yeux, le nez,
Sans laisser les oreilles, les joues, le cou,
Ainsi que son menton, ses membres, sa voix,
Et aussi son sourire, sa démarche, son caractère,
Étaient nets, doux, fascinants, parlants.
Oh non! Ils étaient la grande netteté.
Ils étaient la douceur et la fascination.
Oh non, non! Je ne saurais pénétrer ce secret.
Je ne saurais dire aussi juste ce que je vis.
J'échoue à la transmission de la perfection
Qu'était cet arbre mouvant de merveilles.

Toutes les déesses de la beauté,
On le dirait,
S'étaient rassemblées
Pour la modeler et laisser au monde.

Quand la deuxième fois je la revis,
C'était après que les tams-tams des récoltes
Eussent fait vingt autres tours autour d'elle.

L'effort de compréhension et d'acceptation
Pour mater mes émotions m'échappa,
Se révéla insuffisant, faible, vain.
De la petite déesse d'autrefois ne restait rien.

Démarche, forme et fond étaient de la cire au feu.
Et je me mis à grommeler en m'éloignant :

« Mais tams-tams, tams-tams des récoltes :
Où êtes-vous allés cacher la rosée
Que portait à l'aube cette herbe?
Maraudeurs, cambrioleurs sans pudeur,
En quelle forteresse portez-vous vos butins? »
C'était écrire d'un stylo sur l'eau …
Les invincibles et invisibles brigands
Restèrent comme toujours, silencieux.

Jeune fille, attention

Jeune fille, jeune innocente,
Étrangement tu ressembles
À ces douces lisses premières ignames
Que jadis à nos rois portait notre peuple.

Jeune fille, jeune innocente,
Toute parole, tout pas, tout acte
Que tu laisses dès cette heure,
De ton midi, de l'après-midi et du soir
Seront les plus grands maçons.

Jeune fille, cette belle riante heure
Tient en sa paume le jour et la nuit.

Jeune douce fille, innocence :
Quelle plume laisseras-tu
Salir ta précieuse feuille?

Si les artifices dont se parent
Certaines plumes mondaines t'envoûtent,
Si tu fuis la vérité et embrasse les mots
Qui sont des ruches pleines de miel pur,
Adieu la joie! Adieu le vrai soleil!
Adieu, adieu, adieu le sommeil!

Le poids de l'oeuf

Hypocrite,
Hypocrite cane!
Cane, je t'interpelle.
Cane, voici le fait :
Un canard s'approche,
Frappe à ta porte.

Tu la lui ouvres.
Dans ta maison,
Vous faites un oeuf.
Quand il s'en va,
Tu le détruis.

Et des criminels,
Et d'assassins
Quand on parle,
Tu prends les devants.
Tu deviens championne
Et blâmes et blâmes
Leurs fétides conduites.

Seule, bien toute seule,
Quand tu te trouves,
Continues-tu
À te prendre
Pour un diamant,
Ou bien tes actes et paroles
Comme un vieux toit
Retombent sur toi
Et te déchirent l'âme?

Ou bien es-tu de la horde
Qui bien s'accorde
À l'idée putride
Qu'il n'est de jour
Que le jour des cris,
Et qu'avant les cris
Point il n'est de jour
Et que tout est permis?

Cane, confuse cane,
Hypocrite cane :
Ton poids équivaut
Au poids de l'œuf.

Écoles de générosité

Quand tu donnes, toujours tu attends.
Quand tu tends, tu n'as plus de siège,
Tu n'as plus de lit, ni de couverture.
Tu prends les yeux opiniâtres du crabe.

Tendre et attendre, est-ce tendre?
Et tu te proclames de grande générosité...
Non, tu dévalues le don. Tu le rabaisses,
Tu le blesses et le saignes et le vides.

Réapprends donc à faire un don!
Et auprès de qui vas-tu apprendre?
Auprès des bêtes sauvages?
Auprès des bêtes de la cité comme nous?
Non. Surtout pas. Tu seras déçu.
Tourne et porte l'œil sur ces eaux,
Porte l'œil sur ce soleil, sur cette lune,
Porte l'œil sur cette terre nourricière.
Accroche l'œil à ces étoiles, ces saisons.
Accroche l'œil à cette noble nature :
A nous ils se livrent et n'attendent rien.
Rien! Même pas notre moindre sourire.
Ils sont des grands maîtres, des grands sages.
Leurs écoles sur terre n'ont d'égales.

Amitié, vérités et vérité

Derrière la montagne, une grosse vieille lune
Que flagellaient à plein œil de gros nuages,
Peu à peu perdait de son sourire,
Le retrouvait et le perdait, le retrouvait et le perdait.
Par orgueil et sans capituler, elle guerroyait

Et sur terre portait des rais non gais.

Un homme aux yeux mi-caverneux,
Nez ombrageux, cheveux peu élevés,
Sous un couple d'arbres mal vêtus et courts,
Accosta un autre qu'il salua tout bas.
Leur amitié s'étendait sur une longueur
De plus de vingt moissons d'avocats.

–Je n'ai pas voulu te voir chez toi.
Tu devines que c'est trop sale, puant …
Mon cœur et mon esprit n'ont jamais lutté
Comme ces derniers jours, ah quel pétrin!
L'un m'invitant de devenir muet, et l'autre
M'avertissant de façon assez menaçante que
Cacher une certaine vérité c'est se placer
Sur un objet qui ne manquera pas d'exploser.
Quel humain n'a pas peur des explosifs?
C'est poignant, mais comprends, cher ami :
«Le sage, pour peu qu'un rongeur sur son plat
Promène les dents ne doit s'en défaire. »

–La parole n'est guère aisée, fidèle ami.
D'où viens-tu, et où vas-tu?
Ce moment, ce lieu, ces mots, tes yeux,
Ta voix, déjà tous défient l'oiseau-lyre,
Ils sont tous loquaces come un jeune bouc
Qui fait ses premiers pas dans le pré d'amour,
Mais ma tête ne cerne pas encore l'énigme,
Et la peur en cent fragments tronçonne
Mon cœur comme ces scies à moteur qui rient
Sur les arbres séculaires des forêts d'Afrique.
Mes pieds-baobab sur une terre ferme bougent,
Mes pieds faiblissent... mes pieds tremblent :
Sauve ton cher ami!

–Qu'as-tu fais ces jours qui aurait conduit
Notre chère femme à se heurter le pied?
Elle est allée manger avidement dehors.

Il n'y a pas l'enfant dans ma bouche.

—Je comprends, mais de nos femmes,
C'est laquelle? La mienne ou la tienne?

—Aurions-nous été ici pour la mienne?

—Quand, où, de quelle bouche l'apprends-tu?

—Hier, cette savane-là que tu vois,
Valet de sa majesté la forêt discrète,
En perdant ses habits cette saison,
S'est révélée d'une grande perfidie
Pour notre femme qu'égarait un bâtard.

Il faisait un peu frais, la sueur du front
De l'infortuné déjà naissait et grandissait.

—De quoi parles-tu? L'avais-tu vue?
Tu me perds avec cette langue d'enfant.
Mais je ne te reconnais plus, ami!

—Comme toi, au début je n'y croyais pas,
Et luttais pour l'honneur de madame
Que nous aimons et adorons tous,
Quand un homme me brandit des images :

Notre dulcinée comme un ver étendue
Au sol avec le voleur et bien souriante
S'empressait de laisser elle-même
L'igname dans sa bouche divine…
Ah, avec ces nouveaux outils infernaux,
Le côté caché de certaines femmes d'ici
Va s'exposer comme des champignons.
Nous les hommes, où allons-nous?

—Que deviens-tu? Tu parles ainsi de ma femme!
D'une femme qui n'a jamais été capable

De fixer un seul homme dans les yeux!
Je dis —un seul, y compris son propre mari.
Toi, le plus habitué de la concession,
As-tu jamais vu sa pupille en entier?
Que deviens-tu? Les as-tu ces images-là?

—Ô cher ami des bons et mauvais jours!
Je ne suis pas venu te les faire voir.
Je suis venu construire et non détruire.

—Ce que tu dis est vrai comme une pierre pure …
(Et se reculant un peu de l'ami, et tout bas) :
Ancêtres et dieux d'ici, mon bon ami,
Ce dernier bâton qu'en main je tenais se brise,
Il se brise traîtreusement et soudainement,
La femme et l'ami à la fois! Je n'ai plus où aller,
Vous devenez dorénavant mes seuls supports.
(Puis revenant vers l'ami) :
Enfin, enfin triomphent mes ennemis!
À mes ennemis, enfin mon ami prête la main!

—Quoi? Que dis-tu? Non, tu vas loin!
Aussi sale que soit une rivière,
Un crabe n'y perd guère la lucidité.

—Prends-tu de la drogue déjà? Tu exagères,
Tu ruines l'amitié, tu lacères l'amitié.
Les images sont la seule colle qui la rapièce.
Ô vent de la vérité! Je pressens un montage.
Sans ces images, sans ces images dont tu parles,
Nous deviendrons simplement un champ
Où entre un grand torrent et divise en deux.

—Je suis perdu, toi aussi. Ah quelle maladresse!
Non, de cette honte-là, éloigne les yeux.

—Faire fumer de si gros plats de mensonges,
Voilà le nouvel art d'être un bon ami.
Je l'ai pressenti, je n'en doutais pas.

Dans une poche allèrent les yeux de l'ami,
Et suivit sa main sans énergie,
Pareille à une feuille asservie par un grand vent,
Elle revint avec quelques cartes,
Fit voir la première image, et une deuxième…
Le mari cria, chancela, s'écroula,
Se fit lombric sous une canicule jeté.

L'ami vite se courba et le releva.
Il se dégagea et, se couvrant les yeux :

—Ah monstrueuse plaie sur la plaie!
—Plaie ouverte par moi sans moi, cher ami.
Plaie causée par toi sur toi-même.

—Blessures, profondes blessures au cœur
Où ne se peut poser aucun garrot!
Achèvent donc ce frêle corps,
Et que l'ami et l'épouse l'enterrent.
Abrègent ses atroces souffrances,
Ô blessures, pour l'amour de l'homme!

Puis vint le silence,
Un profond silence plein de vacarme.
Puis de l'ami davantage il se rapprocha :

—Non, ni toi ni elle ne pouvez me garder.

Des puits de sueur de toutes parts
De son corps naissaient et bouillonnaient.
Sa voix plus chevrotante devenait :

—Cette femme, tu sais combien je l'aime.
Sa perte dans l'obscurité me jette.
Tu as eu la nouvelle, tu as eu les images.
Sachant qu'elles discréditent ma femme,
Sachant qu'elles jugent ma femme,
Sachant qu'elles condamnent ma femme,
Sachant qu'elles pendent ma femme,

Sachant qu'elles l'enlèvent de ma main,
Tu me dis tout avec toutes les preuves.
Après cet incendie tu iras droit chez toi,
Tu iras rester auprès de la tienne.

Comment peux-tu devenir si sadique,
Immature, imprudent, maladroit, cruel?
Avant que je l'éloigne ma femme,
Ma femme que j'aime tant,
Ce précieux gracieux cœur que je reçus des cieux,
Mon grand réconfort de ce monde,
Cette femme qui n'est plus mienne,
Avant que je la laisse dans la nature,
De mes yeux pérennes ôte-toi à jamais.

Et pendant qu'il s'éloignait,
La victime dit tout bas à lui-même :

–Comploteur, c'est un échec pour toi
Et toute ta bande que je suspecte.
Je prendrai ma femme et m'en irai.
J'irai vivre loin d'ici avec cette canne de ma vie,
J'irai vivre très loin de vous avec elle.
Ah, non! Vous ne me prendrez pas à ce piège.
Je comprends la vie mieux que vous.
Je m'en irai avec elle. Vous avez échoué.

C'est votre saison

Que faites-vous en ce temps?
Mais ne soyez pas indifférents!
Tout s'ouvre, tout bouge,
Tout coule, tout est partout.

Les quatre pattes s'égaient.
Les pintades se répandent.
Les oiseaux en concert entrent.
Les aeschnes sur les eaux dansent
Le feuillage sourit au vent qui voyage.

Les fleurs au soleil sourient,
Les abeilles vite en profitent,
Les papillons vite les séduisent,
C'est leur plus belle saison.

C'est la saison des champignons
C'est votre saison, elle est vôtre.
C'est votre plus belle saison.
Jeunes, jeunes mains voyez,
C'est la belle saison votre saison!
En ville comme en campagne,
Au bord des eaux comme en forêt,
Sous le soleil comme sous la lune
Tout vous sourit,
Tout vous appelle,
Tout vous attire...

Avancez, avancez et cueillez,
Avancez...embrassez
Mais que cueillez-vous?
Qu'embrassez-vous?

Avancez... embrassez
Sans embrassez le serpent.
Saisissez, mordez, mordez
Sans saisir sans mordre l'éthuse.

Vous qui croisez les bras,
Mais c'est votre saison,
C'est votre plus belle saison.
Ramassez, ramassez...
Ah songez,
Songez aux jours lointains.
Ramassez, ramassez
Et amassez des gaietés.
Amassez ces champignons,
Beaucoup et toujours beaucoup.
Amassez ces bouts de bois,
Amassez-les

Amassez-les
Pour franchir sans ennui
Les longues heures de la fièvre vespérale.

Si fiers

Ou marchons-nous?
Sur du roc dites-vous!
Oh, non. Si fiers
Sur du sable mouvant.

La montagnarde afghane

Le soleil qui de son doux gentil oeil
Avait de la terre charmé et bercé les êtres,
Devenait de plus en plus aveugle et n'entendait
Soutenir d'une rieuse lune l'humiliation.
Devant sa case assise, une montagnarde
Engloutissait un riche plat de légumes.

La douce passation des pouvoirs dans le ciel,
La journée bien remplie, les bonnes nouvelles,
Les clarinettes d'adieu d'oiseaux du jour,
Les trompettes d'entrée des oiseaux et des étoiles,
Toutes dans la concorde et l'exubérance
Perdaient le corps de l'Afghane dans la plénitude.
Dans cet éden jetée, elle se dit soudain :

—Si seulement demain pouvait nous faire
Voir toutes ses mains maintenant!
On n'est jamais certain que des jours éteints.

Mais vite l'interrompit la pupille de son âme :

—L'arrière porte lui aussi des zones d'ombre
Qu'il apportera à la table des joies
Ou à celle des douleurs à venir.
L'arrière n'est jamais complètement derrière nous,
L'arrière est toujours comme l'avant :

Capricieux, malicieux, monstrueux, sinueux.

Cette vérité, la femme la sentit si profonde,
Si profonde qu'elle enchaina :
—Ces peines qui enchaînent et ces joies
Qui ne déchaînent qu'en enchaînant!

Ces chiendents sont ton ouvrage

Vois leur nombre!
Arrache-les!
Arrache-les, ces chiendents!
Ne dis pas : « ce n'est pas mon devoir. »
Arrache ces chiendents.
Ne dis pas : « ce n'est pas chez-moi. »
Arrache ces chiendents.

Où est ton devoir?
Ton devoir c'est d'arracher
Et brûler ces chiendents constamment
Et planter des pissenlits.
Arrache ces chiendents.

Où est le chez toi?
Le chez toi c'est là
Où les chiendents sans répit
Convoitent et captent le soleil.
Arrache ces chiendents.

En ce monde si tu n'es pas nomade,
Ô humain! Sache que tu ne vis pas,
Sache que tu n'as pas de chez-toi, et
Arrache, marche, arrache et marche,
Marche et arrache ces chiendents...
Arrache ces chiendents.

Qui êtes-vous?

Qui êtes-vous pour ouvrir
vos filets à tout un peuple?

Écoutez bien, écoutez!
Ma tête ne sera plus une outre
de vingt kilos pleine de larmes.

Mon cœur ne sera plus
un grenier rempli d'inquiétudes.

Les sanglots ne deviendront plus
de secousses telluriques sur mon corps...

J'agirai. J'agirai. J'agirai, et mes actes
telles des têtes nucléaires vous souriront.
J'agirai, j'agirai et ordonnerai
des raids qui berceront
et prendront soin de votre quiétude.

Qui êtes-vous?
Pour qui vous prenez-vous
pour fermer vos filets
sur tout un peuple?

Une ville, un mont

Mont,
Mont,
Ô Mont Manengouba!
quand du bas
de la sale face
de Nkongsamba
je te veux
dans la face mirer
et dire qui tu es,
dire ta nature
et ainsi te vider,
toujours à la bouche

tu maintiens ferme
cette pipe
dont la fumée
se fait lait
et te masque la tête.

Une amie hier m'a dit :
« décris-moi ton Mont Manengouba. »
et je lui ai dit :
« ce mont est sombre
comme Nkongsamba.
Il ne veut jamais s'ouvrir,
Ce mont est comme Nkongsamba,
jamais élégant,
jamais souriant,
toujours dégoûtant,
porteur de richesses,
mais toujours pauvre,
il est quasi mystérieux,
je ne saurais le décrire. »

L'amie s'est dite satisfaite,
et pourtant
je n'ai pas décrit mon mont.

Mont,
Mont,
Mont Manengouba,
Mont Manengouba,
t'ai-je calomnié?
n'ai-je pas à l'amie dit
ce que je sais de toi,
juste ce que je sais de toi,
tout ce que je sais de toi
(à savoir que je sais peu de toi)
et rien que ce que je sais,
sans dire ce que tu es?

Terre qui pue

Monde, monde grabataire
Ce monde, terre sèche
Terre stérile
Terre corrompue...
Qui pue...
Plus on embrasse l'honnêteté,
Plus on se fait d'ennemis.
Plus on serre et sert la vérité,
Plus on est calomnié,
Décrié,
Humilié,
Et délaissé.

Refusant le conformisme,
Connaissant où l'on va,
On ne désarme pas.
Et c'est là l'unique plat
    Solide
de l'esprit
    Révolutionnaire.

Jusqu'à ce que l'appelle
l'ombre,
son cadeau,
son plus grand cadeau
c'est le mépris,
c'est l'Isolement.

Une fois au repos
il est dans toutes les bouches
il a les honneurs
il est adoré
il a les prières
il devient Dieu
il a tout
tout
tout
même ce qu'un humain

Ne peut des humains recevoir.
Tout...

L'injustice qu'on répare
très souvent reste félonne
aux cadres de la justice.

Qu'est-ce l'amour?
Quand tu aimes la poule
Quand tu déifies la poule
et hais les poussins
tu hais la poule
ou bien tu la haïras.

Quand tu aimes les poussins,
Quand tu déifies les poussins
et hais la mère
tu hais les poussins
ou bien tu les haïras.

Quand tu aimes le coq
Quand tu déifies le coq
et hais les poussins
tu hais le coq
ou bien tu le haïras.

Quand tu aimes les poussins
Quand tu déifies les poussins
tu devras aimer, déifier le coq.
Peu importe ce qu'il pèse.
    Et vous, qu'est-ce l'amour?
    Qu'est-ce l'amour pour vous?

Le pisciculteur

La gaieté tel un vieux vin
Qui flatte la langue
Et réchauffe l'âme engourdie
Décousait toutes les cavités.
Monsieur le pisciculteur
Adorait les balbuzards.

–Un berger qui aimerait les loups!
Un paysan qui aimerait les sauterelles!

–Cela ne surprend pas, dit une dame.
Cette époque tient assez de défroques,
Des libertés à multiples clés,
Et des lois assez fantaisistes :
On déifie le loup et devient berger
Pour s'assurer le pain du sadisme.

Ni quoi ni comment

Personne,
Personne ne dira
non
quand je voudrai dire
ce qu'il faut dire

Personne,
personne ne me dira
ce qu'il faut dire
et comment le dire
Je dresse l'oreille
Et j'écoute :

De forts petits cris de joie
qui piétinent
de faibles immenses cris de détresse
des personnes
bâillonnées
par des violences ouvertes

par des violences gantées
Je lève l'œil et regarde :

Des visages sans sourire
aux multiples rides

Des humains sans pain
sans fin tourmentés
et légers comme des feuilles sèches

et d'autres aux fronts lisses
qui rient et se plaignent
de leur poids-hippopotame

Je ne veux pas chanter
au rythme
de l'homme du négoce

Je ne veux pas écrire
pour égayer ceux
qui ont déjà toutes les joies

Je ne veux pas chanter
pour faire danser
ceux qui luttent
à éloigner quelques kilos

Je chante surtout
les droits des uns
qui deviennent
le délicieux thé
des autres

Je chante la haine
Je chante l'hypocrisie
Je chante les jugements
et les sentences
qui prennent naissance
dans la couleur de la peau

Je chante le bas salaire
du bon travail

Peut-on dire ceci en souriant?
Personne,
personne ne me dira
ni quoi ni comment.

De l'aube au soir

L'être à peine vient de naître
Sa tête déjà porte des herbes
Il rampe il parle il marche
Sous ses aisselles sous son menton
Entre ses piquets s'accrochent des herbes

Ou bien sur sa poitrine tombent des citrons
Ces citrons vite mûrissent et retombent
Des herbes sans cesse on prend soin
Ces herbes on les chasse et elles reviennent
On les chasse elles reviennent
Ces herbes blanchissent et une à une tombent

Plus rien n'occupe plus rien à soigner
La tête même n'est plus qu'une bananeraie
Qu'a côtoyé un grand ouragan
Plus rien ne traîne sous les aisselles
Plus rien ne revient sous le menton
Plus rien plus rien entre les piquets
Le jour à peine se lève qu'il se referme.

Rêves

Rêves, ô rêves! Que sans vous
Seraient de l'homme les jours?
Rêves, rêves, ô poêles qui réaniment!
Mais qui aussi érodent! Ah qui ruinent!
Rêves, rêves!

Le père et le fils
—Fils, si tu ne sors pas de ton corps,
Tu ne seras jamais un homme.

Fils, si tu ne t'éloignes pas de ton corps,
Tu t'y perdras, et ne grandiras jamais.

—Comment puis-je le faire, père?
Comment puis-je me détacher de mon corps?

—Fils, si tu n'ouvres pas les yeux,
Tu ne seras jamais un homme.

Fils, si tu ne tends pas les oreilles,
Tu ne seras jamais un homme.

Fils, si tu ne peux laisser ce que tu adores,
Tu ne seras jamais un homme.

Fils, si tu n'ouvres pas la bouche,
Tu ne sers jamais un homme.

Fils, si tu ne t'accroches pas à tes principes,
Tu ne seras jamais un homme.

Fils, si tu ne deviens pas nomade,
Tu ne seras jamais un homme.

Fils, si tu n'écoutes pas trop et parles peu,
Tu ne seras jamais un homme.

Fils, si tes mains ne caressent pas la nature,
Jamais tu ne caresseras l'âge d'homme.

Fils, si tu veux devenir un homme,
Tu peux à présent te mettre en route.

Les fumées

De nos maisons s'envolent des fumées,
Des objets qui brûlent s'éloignent des fumées,
Des feux de bouse s'enfuient des fumées,
Des armes à feu s'enfuient des fumées,
Des animaux aussi partent de chaudes fumées,
Des fumées aussi s'élèvent de l'être humain.

Il ne s'agit pas de l'être humain qui fume,
Il y a des fumées qui sortent de l'humain.
De l'humain en éveille ou endormi
Toujours s'enfuient de chaudes fumées.

Pour l'expérimenter n'allez pas au laboratoire.
Attendez quand il fait trop froid,
Attendez quand il ne fait pas soleil,
Attendez quand il fait encore jour,
Attendez quand le temps est un peu clair,
Allez dehors.
Vous êtes dans un laboratoire naturel.
Marchez-y, respirez et admirez les fumées
Qui sortent de vous. Sortent, sortent…

Nuit et jour, vous brûlez et ces fumées s'élèvent.
Vous brûlez et elles s'élèvent et s'en vont.
La vie brûle pour vivre,
Le corps brûle pour vivre,
La vie survit et vit sur les fumées.
Ces fumées s'arrêteront,
Ces fumées s'arrêteront,
Elles s'arrêteront quand vous-vous arrêterez.
Oh non, quand vous serez arrêtés.

Cette histoire de douleurs

Oh non!
Instigateur, non, non! Dis-je…
Je dis : arrête, sadique, arrête!

Arrête, arrête de me rappeler
Cette histoire fleuve des dominés,

Arrête, arrête de remuer cette histoire
Des êtres humains savamment
Placés dans des enclos invisibles,

Cette histoire des humains dont le sort
Dépend de l'humeur des têtes
Qui habitent l'autre côté de l'eau,

Cette histoire des humains dont le sort
Dépend de leurs propres dirigeants
Qui sont eux-mêmes à leur tour bien serrés
Dans les mains des gens de l'autre rive
Tels des arbustes égarés dans des rochers,

Arrête, arrête de remuer cette histoire,
Cette histoire des êtres dont les vies
Sur un pèse-personne pèsent
Moins que celles des chiens errants.

Je veux oublier cette histoire.
À l'oublier je m'efforce,
À l'étouffer je m'efforce,
Je m'efforce de la molester,
Je m'efforce à l'assassiner,
Je m'efforce de la noyer
Dans les eaux profondes de mon âme,
Je m'efforce de la noyer
Dans les eaux abyssales de l'oubli.
Il y a deux jours que loin de moi,
Elle pausait, et moi je me reposais.

Mais voici que tu m'as rappelé
Cette histoire des dominés,
Cette histoire des bons-pour l'humiliation,
Des bons-pour la haine, pour la mésentente,
Pour des conflits, le désordre,

Des bons-pour le cacao-café-coton à vil prix,
Des bons-pour les minerais et mines gratis,
Des bons-pour des richesses qui s'enfuient
Rapidement sous les fumées des boum-boums,
Des bons-pour l'exploitation et la mort.
Tu me l'as rappelée et voici
Que le sommeil telle l'eau de l'étang sahélien
S'est évaporé quasi totalement de mon âme,
Et je le cherche, le cherche…
Et pour longtemps je le chercherai.

Cette histoire me saisit et m'embarrasse
Telle une femme jalouse qui publiquement
S'en prend follement au partenaire infidèle.

Elle m'appréhende tel un vent maraudeur
Qui passe et ricane et chante bruyamment
Dans un champ plein d'enfants.

Elle arrête tel un piège de panthères mes pieds,
Tient telles de menottes mes poignets.

Elle résonne telles les décharges du bombardier
dans ma tête (brououm! brou...brouououom!
bououm! kouououom! touououom! Boum! baaam!)

Elle franchit mon fragile cœur
Tels des torrents en terre meuble violents.
Elle devient un mal qui me charge de vertiges,
Devient un incendie qui nage dans mon corps
Et rase jusqu'aux globules de mon sang.

Et j'ai cinq, six, dix, cent envies...
Et j'ai envie d'être harmattan
Et j'ai envie d'être piège
Et j'ai envie d'être menottes
Et j'ai envie -oui!- d'être bombardier,
Torrents, et rendre tous les coups...
Oui!
Oui! Oui!

J'entends des armes...
Les armes grognent, les armes parlent
Oh! Une grande guerre en mon corps
S'est encore bien ouverte,
Et cette fois-ci en maints fronts
Que ne dit mon petit front :
Des flèches, des lames d'un lustre affamé,
Des balles, des bombes puissantes
En font champ inouï de carnages.
Et aux abois le général esprit
S'efforce d'apaiser les troupes.

Vois!
Vois ce que j'endure!
Vois où tu me jettes
Quand tu me rappelles cette histoire.

Plus jamais ne me rappelle
Cette histoire
De douleurs des peuples-cobayes
Qui ne laisse mon coeur sans rancœur.
Oh non, arrête! Arrête ce retour en arrière
Qui pond sur mon coeur
Une vengeance
Blanche,
Je déteste ce retour en arrière
Qui me fait voir que ces peuples
N'ont jamais bougé
De là où ils étaient.
Oh, arrête, arrête d'aller en arrière!

Visages du mal et du bien

Qu'est-ce que le mal?
Qu'est-ce que le bien?
Le mal est le pont pour l'obscurité,
Le bien est le foyer de la gaieté.
Qu'en est-il quand le mal et le bien
Dans un cœur glissent et s'assoient?

Le premier, né glouton, saisit
Et dévore le second, avance et porte
Ses tentacules sur l'être qui le porte.

Trompette d'une vieille ambitieuse

Ha, vous explorez vos ambitions!
Ces grands décors d'aujourd'hui
Tant fleurissaient en mon jardin.
Mais à nos jours je ne sais
Quoi dire à qui de mes tribulations.
Je ne sais quoi dire d'elles,
Mais je dis vous dis en bon ami :
Bâtissez! Bâtissez! C'est admis.
Mais de vos pyramides ayez la mesure.

L'humain et le bouc émissaire

Quand passe dans le ciel las
Des êtres qui sonnent la nuit,
Pourquoi en vouloir à l'œil éveillé,
Cet œil qui lit et dit :
« Écoutez! L'horizon est trop sombre »?

Sachons comprendre, sachons discerner.
L'oiseau qui dit la nuit ne nuit pas,
Cet oiseau ne nuit à personne.
Prenons de le respecter le courage.

Le météorologue ne crée pas la pluie,
     Il l'annonce.
Écoutez, qu'il en parle ou pas,
     Elle se déverse.
Sachons comprendre, sachons discerner.

Songes-y

Toi qui frappes de ce fouet
Cet enfant qui n'est tien,
Tiens-tu assoiffé ton oeil
Et prêt à boire du tien les pleurs?
Te troubles-tu?
Alors songes-y!

Ô passé, parle pour moi

Ha, sacs des jours qui raillent et roulent!...
De vos grêles de disgrâces je me lasse.
Où se trouvent de ma jeunesse les sacs?
Sacs, accourez! Sacs, sacs répondez!
Vite, vite arrivez!
Arrivez et défendez-vous, défendez-moi!
Sacs, sacs de la fraîcheur : ô solcil,
Ciel bleu, grand sourire, doux sommeil
De ma jeunesse!
Montrez donc, ô sacs, tous ces trésors-là
Aux besaces tyranniques de ces jours-ci!
Montrez-les, faites-les voir
Aux besaces boueuses d'aujourd'hui!
Dites-leur où jadis vous me fîtes dîner.
Dites-leur combien je fus envié et loué
Par des princes et tous partout où j'allai.
Sacs de ma jeunesse, ouvrez-vous,
Défendez-vous et défendez-moi.
Parle, passé! Ô passé, parle pour moi.

Responsabilité

Quand vous créez de l'obscurité
Pour parfaire votre sécurité,
Croyez-vous vraiment y rester?
Vous-vous mentez, obscurs misérables.
Votre sécurité crée l'insécurité.
Or, la vraie sécurité est dans la clarté,

La vraie sécurité naît de la clarté.
Avec la lumière nous repousserons la nuit.

À cette dernière parole tomba une voix :
« C'est la bonne voie, la meilleure voie.
Mais méfiez-vous! Méfiez-vous!
Toute lumière crée de l'ombre,
Et plus se développe l'ombre,
Plus s'épaissit l'insécurité.
De l'obscurité comme de la lumière,
Méfiez-vous souvent! Méfiez-vous! »

Précipices des joies

Tout ton effort a été, en ce monde,
De te créer un nid de suffisance.
T'y voilà. Mais je vois ton oeil fécond,
Non en étoiles du bonheur qui jaillissent
Et envahissent les yeux des êtres bien,
Non de larmes qui célèbrent la chaleur,
Mais de celles qui exhibent de ton cœur la glace,
La douleur, le déchirement et le flot de sang.
Que croyais-tu? Mais que croyais-tu?
Nos rêves qui triomphent,
Nos sourires, nos joies, tous sans exception,
Ont eux aussi de si grands précipices.
Que croyais-tu?
Vivre, ce n'est pas se suffire. Se suffire,
C'est aussi s'habituer aux précipices des joies.

Soleil sous terre

En ce monde posant les pieds,
Tu as dans la nuit profonde erré :
Coups de pieds à tes jambes d'ici,
Coups de poings de là à ta tête,
Boule d'étoffe dans ta bouche.

Mais tu as marché, pensé et parlé,

Malgré la couche épaisse de ta nuit.

Tu as marché, pensé et parlé.
Souvent aux multiples coups
De tes ennemis et même de tes amis
Ont plutôt brillé tes dents.
Tu as marché, pensé et parlé.
Le vrai soleil n'est pas de ce monde,
Le grand soleil est ailleurs,
Le soleil sous terre t'attend, t'appelle.

Grand être, je vois en tes yeux brûler
Du grand vainqueur le grand feu,
Et sur ces braises ardentes de tes yeux
Se cuit tout doucement ce met :

Qu'importent la voie, le temps et le lieu!
Mort tu peux venir, tu peux venir.
Viens, mort, faire poussière le corps
Et soleil les semences de l'âme.
Ah oui, mort, feu purificateur :
Viens donc ouvrir du jour la porte!

Scelle ton œil
Ce soupçon-là est comme un dieu.
Il te dit : « c'est bien ce que tu penses,
Mais scelle, scelle très bien ton oeil.
Fais l'aveugle et vis en paix,
Fais l'aveugle et goûte au bonheur,
Ne t'entête pas! Scelle bien ton œil. »

Mais d'une imprudence enfantine,
D'une curiosité de vautour,
Tu le défies et ouvres ton œil.
Et sur des souillures tu l'étends.
Tu le poses sur ce qui dérobe le sommeil
Même chez le plus endurci des esprits,
Tu le poses sur ce qui cause d'insomnies

Même chez le plus fort des cœurs.

Tu étends ton œil sur ces souillures.
La paix est possible, le bonheur est possible.
Ils sont possibles dans ce monde,
Si l'humain apprend vraiment à comprendre.
Vois ce que tu étais avant de gaver ta curiosité,
Et à présent, vois ce à quoi tu ressembles!
De ton coeur endolori qui produit des pleurs,
Ah, dis-toi bien le seul grand bourreau.

Souffrance, persévérance et espérance

Ô humain, humain, beau bistouri!
Ma plaie encore tel un ciel plein pleut,
Ma plaie encore de sang ruisselle.
Hou! Elle est toute rouge, en courroux!
Que vient faire cette main, à son tour?
Que m'apporte sa lame scintillante?
Une autre plaie dans celle qui m'aveugle!
Dis-moi, qu'aurai-je? Les ténèbres? L'aube?
Détache et laisse-moi voir ce que tu caches!
Souffrance, persévérance et espérance :
Cette courbe au matin, à midi ou au soir
Sur chaque crâne ici-bas se tracera.

L'âme et le corps

L'âme tout le temps dit au corps :
—Dos, jambes, bras blessés,
Ventre, poitrine, tête et cou,
Vous qui avez pris des coups,
J'exècre la musique plaintive
De vos misères et douleurs.
Toi, corps, à ma place
Que donc ferais-tu?
Tout ce que tu prends je stocke.
Imprudent corps je le stocke,
Aveugle avide corps je le stocke.

Moi, âme, je stocke tout,
Je le stocke seule, toute seule…
Toute petite que je suis,
Je le stocke seule, toute seule…
Si tu m'étais, irais-tu donc
Seulement te trouver une corde?

Le corps répond à l'âme :
—Arrête ces lubies et folies, âme!
Arrête de mentir, misérable âme!
Et de ce lieu juge ton crime :
De la femme qui s'écorche gravement
Au ventre et du fœtus qu'elle porte,
Qui devient la soupe de la douleur?

—Ah, ah, ah!
C'est le fœtus et non la femme.
C'est moi et non toi, corps.

—Malhonnête, belliqueuse,
Voleuse, vorace, avare!
Toi, âme, si petite que tu es,
Tu demeures plus monstrueuse
Que la plus monstrueuse fauve
Des savanes et forêts africaines.

—Corps, sale corps, ignoble chose :
Nettoie-toi souvent,
Apprends à laver souvent ta bouche.
Corps, sale corps, ignoble chose :
Tu restes très impoli,
Tu es sans éducation.

Le corps regarda l'âme en silence,
La regarda en silence, en silence…
C'était l'art d'être volubile.
Cela irrita trop l'âme,
Trop.

Mangoustes-serpents

Où sont-ils?
Que font-ils?
Où sont les mangoustes?
Toujours abondent les serpents.
Où sont-ils les mangoustes?
Ah douloureuses morsures
D'une totale indifférence!

Où sont-ils les mangoustes?
Haï, douloureuses morsures :
Des dizaines, des centaines,
Des milliers à la fois
Sur nos corps tombent.

Où sont les mangoustes?
Où sont-ils qui doivent
Dépêtrer notre brousse
De méchants serpents?
Dans les tours d'hypocrisies,
Dans les tours d'impuretés,
Dans les tours de cruautés,
Ils s'enferment, ils s'activent.
Ils sont de fausses mangoustes,
Ils sont des mangoustes-serpents.

Pendant ce temps,
Dans le sombre désespoir,
Des bouches hurlent,
Des cris macabres servent l'air,
Des larmes se répandent,
Le ciel est calme.
Le ciel dort.
Des voix se vident dans le vide.

Plaies et paix
Une femme jeune
D'une belle voix
D'une bonne démarche
Avec de l'or
De la santé
Bien gentille
Bien bâtie
En plus belle
Une vraie lune
Une lune pleine
Que devient-elle
Dans un monde
Trop malade
Comme le nôtre?

Que devient-elle?
Une puissante bombe
Dans une foire
Qui tue le père
Qui tue le fils
Qui tue le frère
Qui tue le cousin
Ainsi que l'oncle
Voire le grand-père.
Et chaque fois que
Je vois une femme
Belle comme elle
Son nom revient
Et frappe à la porte
De mon âme
Mais par respect
Je n'ose le dire
Je tais ce nom
Je préfère le taire.

Dans ses écoles
Les enseignants
Tous entre eux

Se déchiraient pour
Tomber la déesse
Bien qu'une loi
Faisait la chasse
Aux éducateurs
Qui flirteraient
Avec leurs étudiants.

Beaucoup de garçons
Entre eux, eux aussi
S'entretuaient
S'entretuaient
Sans apaisement.
Dans des quartiers
Ce sont des frères
Qui s'émiettaient
Pour trousser
Cette femme jeune
Que tous lorgnaient
Comme une soupe
Une délicieuse soupe
Comme celle que
Ma mère servait
À mon père
Lors de grandes fêtes.

Cette fleur fraîche
Était une soupe
À manger
À savourer
Par tous les moyens.
Des amis s'émiettaient
Essayant de souper.
Le père et le fils
Le frère et l'oncle
Le cousin et...
Eux aussi
Brisaient les portes
Déjà fragiles
De la morale.

Des fratricides
Sur des parricides
S'amoncelaient
Et rivalisaient
D'avec le Pic Uhuru.
Au travail
Employeurs
Et employés
À son aspect
Faisaient du service
Le chez roi Pétaud.

Plus tard plus haut
Sous la rivière
Très profonde
De l'État,
De l'État-jungle
Des têtes tombèrent.
Soyons précis :
Des cuillers tombèrent
L'une après l'autre
L'une après l'autre.
D'amis intimes
D'amitiés longues
D'amitiés sincères
En avait-elle,
Cette déesse?
Sur ce ring
Ce ring sanglant
Fut-ce possible?
Ah non, non, non
Pas sur ce ring
Ce ring de sang.
Ah cette déesse
Fascinant ballon
Le beau ballon,
Le ballon national,
Un ballon sans maître.

Que pensait-elle,
Que faisait-elle,
Tout ce temps-là?
Sur sa beauté
Sur sa clarté
Elle veillait si bien.
Cet atout naturel
Grand champ d'exercices
Tant l'occupait
Et la préoccupait.

Le sacré temps
Le sublime temps
En son beau coin
La tenait à l'oeil.
Jadis, le temps voulut
Un peu l'humilier
Tachant son front
D'un léger sillon.
Elle s'en aperçut
Et chez son médecin
Se voyant perdue
Elle accourut
Et de lui reçut
Un bon produit
Qui détruisit
L'œuvre du temps.

Plus tard elle reçut
Du courtois temps
Une autre visite
Qui sur son front
Mit un long sillon
Mais elle vola
Chez son médecin
Qui rapidement
Tout en souriant
Le nettoya.
Ce fut en fait
Un coup d'éclat.

Le temps recula
Le temps s'en rit
Le temps se coucha
Se couvrit le corps
D'une épaisse étoffe
D'une chaude couverture
Le temps fit le mort
Le temps s'endormit
Dormit des jours
Dormit des mois
Dormit ronflant
Dormit des années.
De son long coma
Plus tard sortant
Et trop affamé
Il voulait nourrir
Ses dents en jachère
Il voulait bien
Se réchauffer
Alors, alors
Il quêtait qui saluer
Et jetant le regard
Il vit la déesse
Et pour se venger
Sur les joues
Sur le front
Dans les yeux
Sur le cou
Il la tapota
La massa
La massa bien.

Lorgnant la femme
Approchant le temps
Le ver qui sous terre
Jamais ne dort
Très impatient
Dit tendrement au temps :
« Mais quand, quand

L'aurai-je avec moi
À mon tour, cher ami? »

Il lui répondit :
« Quand je ferai voir
Son impuissance
À cette insolente
Trop entêtée
Et trop naïve. »

A sa belle tâche
Le temps revint :
Caressa les paupières
Caressa le cou
Caressa les bras
Les doigts
Les jambes
Les pieds.

Malheureuse
Confuse
Furieuse
Chez le médecin
Elle se dépêcha
Et le médecin la regarda
Et secoua la tête :

—Ah, cette fois-ci
Il est allé loin
Très, très loin.
—Qui? S'enquit-elle
De qui parles-tu?
—Je parle du temps,
Je parle de lui, de lui
Il est allé loin
Très, très loin.

Le fixant perdue
Amèrement

Elle s'écria
Par le bras le tenant :
« Mais… mon valeureux
Mon valeureux!... »
L'homme secoua la tête.

La femme à son sac
Porta les yeux
Sa main y alla
La main revint
Avec une liasse
Une liasse de papiers
Qui à peine y tenait
Tant une tornade
Une tornade de peur
Secouait sa main.
L'homme jeta un regard
Sur ces billets
Dans la main
De la visiteuse
Et secoua la tête.

La femme promit
De lui en virer plus
Dans le compte
S'il lui remettait
Ce que le bandit
Le grand bandit
Venait de lui prendre.
Le médecin la fixa
Et se déclara incompétent.

De la consoler
Sous ses sanglots
Et torrents chauds
Il tenta bien
Avant de lui dire
Que le lustre
Atemporel

N'est pas de l'être
L'apanage.

Ah quelles plaies!
Quelles plaies!
Elles ne guériront pas.
C'est une évidence
C'est une évidence.
Ah quelles plaies!
Ô quelles plaies!
Elles volèrent la paix
Mais restituèrent la paix.

Noirs et Africains partout

Noir, Noir partout,
Noire, noire partout,
Africains, Africains partout,
Noirs partout et toujours nulle part,
Africains partout et toujours nulle part.

Pour briser le Noir éléphant-guide,
Pour ruiner la Noire Yennenga,
Pour immoler un pays africain ou noir,
Pour poser le joug au cou de l'Afrique,

On appelle au secours le Noir,
On fait recours à une Noire,
On jette le citoyen aux trousses du pays,
On cherche l'Africain-outil
Et le tient pour arracher l'une après l'autre
Les solides précieuses dents de l'Afrique.

Noir, Noir partout,
Noire, Noire partout,
Noirs contre Noirs
Africain et africaine partout,
Africains contre Africains,
Africains contre l'Afrique,

Noirs et Africains partout,
Partout et toujours nulle part.

Ah quelle erreur, quelle erreur!
Noirs et Africains sont quelque part.
Ils sont de bons humains-outils
Dans les mains des pilleurs de l'Afrique,
Ils sont de bons humains-outils solidement
Tenus dans les mains des patrons,
Des racistes, des politiques, des tribalistes…
Noirs et Africains sont quelque part.

L'enfant et le parent

En vérité, en vérité,
Tout peuple au départ n'est qu'un enfant.
Il faut vraiment une main pour sa main.
Il attend une main qui le tienne
Et l'entraîne à la marche, à la course, au saut.
Une main courageuse et non ombrageuse,
Une main qui protège et non celle qui ombrage,
Une main forte, prudente et compétente.
La main qui de l'enfant prend la main
Ne doit jamais oublier elle-même ces règles :

Pour le vrai épanouissement de l'enfant,
On n'entraîne pas l'enfant à la marche
Et à la course en restant soi-même assis.
On n'entraîne pas l'enfant sans pieds à la marche.
Quand il n'a pas de pieds, avant l'initiation,
On lui en fabrique, et surtout de bons.
Quand ils sont faibles, le parent les renforce.

Les douleurs qui au début en surviennent
Projettent à l'enfant les images de la peur,
Lui projettent les images de la souffrance,
Lui projettent les images de la cruauté et de la mort.
Ces images font pitié, torturent l'enfant,
Terrorisent l'enfant, et font frémir même le parent.

Mais le parent ne doit voir que le lointain,
Il ne doit voir que la lumière qui se place
Au bout de ce rude exercice inhabituel,
Et tenir ferme la main de l'enfant,
Et à la marche plus rapidement l'entraîner,
À la course lente, à la course rapide, rapide.

La douleur s'inclinant en même temps,
C'est la course plus rapide, ce sont des courses
Et un saut, et des sauts et des courses, des courses,
Des courses plus accélérées… et s'ensuit le décollage
Et s'ensuit le vol, tel un appareil volant
Qui s'élève du sol et s'envole, vole, vole
Ainsi abandonnant la vieille ère pour les airs.
De la situation statique à la rampante,
L'enfant devient le vrai maître de son destin.
Tout peuple au départ n'est qu'un enfant.

Dans toute famille responsable,
Dans toute bonne famille,
C'est le seul grand amour
Qu'un bon parent montre à son enfant.
Tout peuple au départ n'est qu'un enfant.
Notre Afrique, fauve longtemps endormi,
Notre Afrique, fauve qui hiberne, m'écoutes-tu?
Afrique, quand auras-tu ces preux bons parents?

Je l'ai entendu chanter

Les doigts du soleil brûlant se posaient sur le terroir
Et saoulaient les êtres de leurs vins et caresses,
Cet oiseau-là, je l'ai entendu chanter.

Le miel de la lune tombait dans les bouches des êtres
De la nature et les nourrissait jusqu'à l'aube,
Cet oiseau-là, je l'ai entendu chanter.

La grêle arrivait lourdement chargée de mitrailleuses
Et de cannons qui plantaient la peur dans les cœurs,

Cet oiseau-là, je l'ai entendu chanter.

Le froid transformait les eaux en voies bitumées
Et dans les champs fendaient de ses haches les arbres,
Cet oiseau-là, je l'ai entendu chanter.

Des orages effroyables labouraient le ciel et venaient
Avilir les plantes et dicter leur loi aux humains,
Cet oiseau-là, je l'ai entendu chanter.

Les oiseaux de proie par endroits nageaient dans l'air,
Par endroits pillaient et détruisaient des nids,
Cet oiseau-là, je l'ai entendu chanter.

Dans la nuit profonde ou le jour ensoleillé ou triste,
Dans un paysage effeuillé ou bien feuillu et fleuri,
Cet oiseau-là, je l'ai entendu chanter.

À cet oiseau-là, l'extérieur ne dicte rien, rien.
Ô Sentetchouo, oiseau étrange, créature courageuse!
Si l'humain pouvait prendre un peu de toi,
Il vivrait une autre vie dans un monde nouveau;
L'absence de la peur du lendemain laisserait
Moins d'agressions, moins de guerres, moins de haine,
Et ferait entrer au monde plus d'amour, plus de paix.
Au moment où un grand Soir se fait imminent
À la porte du monde, ô humain, deviens Sentetchouo!